Schwachstellen
erkennen und
beheben

Die wichtigsten
Sicherungs-
systeme

Einfache Maß-
nahmen zur
Vorbeugung

Verein für Konsumenteninformation (Hrsg.)
Andreas König

Vor Einbruch schützen

Impressum

Herausgeber
Verein für Konsumenteninformation (VKI)
Linke Wienzeile 18, 1060 Wien
ZVR-Zahl 389759993
Tel. 01 588 77-0, Fax 01 588 77-73, E-Mail: konsument@vki.at
www.vki.at | www.konsument.at

Geschäftsführung
Dr. Josef Kubitschek
Mag. Dr. Rainer Spenger

Autor
Mag. Andreas König

Fachliche Beratung
August Baumühlner (Landeskriminalamt Wien)
Wolfgang Bruna (VSÖ/Tresore)
Friedrich Eppel (ÖAMTC, Autos und Motorräder)
Raimund Mihatsch (VSÖ/Videoüberwachung)
Friedrich Pospisil (Kriminalpolizeilicher Beratungsdienst Wien)
Günther Saltuari (VSÖ/Alarmanlagen)
Hans-Peter Stückler (Bundeskriminalamt)
Martin Wieser (Österr. Holzforschungsinstitut)

Lektorat
Doris Vajasdi

Produktion
Günter Hoy

Foto Umschlag
Andrey_Popov/Shutterstock.com

Fotos Textteil
Mag. Andreas König (wenn nicht anders angegeben)

Illustrationen
Leopold Maurer (wenn nicht anders angegeben)

Druck
Holzhausen Druck GmbH,
2120 Wolkersdorf

Bestellungen
KONSUMENT Kundenservice
Mariahilfer Straße 81, A-1060 Wien
Tel. 01 588 774, Fax 01 588 77-72
E-Mail: kundenservice@konsument.at

© 2017 Verein für Konsumenteninformation, Wien
Printed in Austria

Das Werk ist urheberrechtlich geschützt.
Alle dadurch begründeten Rechte, insbesondere die der Bearbeitung, der Übersetzung, des Nachdruckes, der Entnahme von Abbildungen, der Funksendung, der Wiedergabe auf fotomechanischem oder ähnlichem Wege und der Speicherung in Datenverarbeitungsanlagen, bleiben ohne vorherige schriftliche Zustimmung des Verlages (auch bei nur auszugsweiser Verwertung) vorbehalten. Gebrauchsnamen, Handelsnamen, Warenbezeichnungen usw. in diesem Buch sind auch ohne besondere Kennzeichnung im Sinne der Warenzeichen- und Markenschutz-Gesetzgebung nicht als frei zu betrachten. Produkthaftung: Sämtliche Angaben in diesem Fachbuch erfolgen trotz sorgfältiger Bearbeitung und Kontrolle ohne Gewähr. Eine Haftung des Autors oder des Verlages aus dem Inhalt dieses Werkes ist ausgeschlossen.

Wir sind bemüht, so weit wie möglich geschlechtsneutrale Formulierungen zu verwenden. Wo uns dies nicht gelingt, gelten die entsprechenden Begriffe im Sinne der Gleichbehandlung grundsätzlich für beide Geschlechter.

Bibliografische Information der Deutschen Nationalbibliothek
Die Deutsche Nationalbibliothek verzeichnet diese Publikation in der Deutschen Nationalbibliografie; detaillierte bibliografische Daten sind im Internet über http://dnb.d-nb.de abrufbar.

Verein für Konsumenteninformation
ISBN 978-3-99013-068-1

€ 19,90

Zu diesem Buch

Wie sicher – oder gefährdet – Sie sich fühlen, ist subjektiv. Vor allem in den eigenen vier Wänden ist uns ein starkes Gefühl der Geborgenheit wichtig. Genau dieses Gefühl ist in den vergangenen Jahren vielen Menschen abhanden gekommen. Grund genug, unser Buch zum Thema Einbruchschutz aus dem Jahr 2008 neu herauszugeben. Diese zweite, aktualisierte und erweiterte Auflage halten Sie nun in Händen.

Die Zahl der Einbrüche und Diebstähle ist in den Jahren seit der Erstauflage deutlich zurückgegangen. Das ist zum einen das Resultat verstärkter Anstrengungen der Polizei, zum anderen ist der Gedanke der Eigenvorsorge und des Selbstschutzes heute in Österreich viel weiter verbreitet als noch vor zehn Jahren. Die Zeit, und mit ihr die technische Entwicklung, ist nicht stehen geblieben. Die Verbrechensabwehr hat sich weiterentwickelt – leider gilt das auch für die Methoden der Kriminellen. Und es haben sich neue kriminelle Betätigungsfelder aufgetan. Hieß es 2008 noch: „Wer hat ein Smartphone?", lautet die Frage heute: „Wer hat keines?". Daher wird das Thema Netzkriminalität (Cybercrime) ausführlich behandelt.

Für dieses Buch konnten wir auf das Wissen von Sicherheitsexperten aus vielen Bereichen zurückgreifen. Das Bundeskriminalamt (BK) beschäftigt sich intensiv mit dem Thema Verbrechensvorbeugung und hat umfangreiche praxisbezogene Tipps zusammengestellt. Auch die langjährige Erfahrung und der enorme Wissensschatz des Kriminalpolizeilichen Beratungsdienstes wurden eingearbeitet. Die Spezialisten des Verbandes der Sicherheitsunternehmen Österreichs (VSÖ), des Holzforschungsinstitutes und des ÖAMTC haben ebenfalls viele wertvolle Informationen beigesteuert. Gestützt auf dieses Expertenwissen werden Sie garantiert die bestmögliche Lösung für Ihre persönliche Sicherheit finden.

Ihr KONSUMENT-Team

Inhalt

Zahlen, Daten, Fakten	9
Einbrüche in Österreich	10
Wer sind die Täter?	11
Wer sind die Opfer?	12
Traumatische Erlebnisse	13
Die Sicherheitspyramide	14
Interview mit Generalmajor Lang vom Bundeskriminalamt	17
Wohnungen und Häuser schützen	23
Schwachstellen-Analyse	24
Wichtige Tipps zur Vorbeugung	26
Mechanische Gebäudesicherung	31
Schwachstelle Außenhaut	32
Türen	34
Fenster	59
Wandverstärkung	66
Tresore	67
Elektronischer Schutz	73
Alarmanlagen	74
Videoüberwachung	108
Zutrittskontrolle: Sesam, öffne dich!	121
Wenn es trotzdem passiert	125
Verhalten bei und nach einem Einbruch	126
Verhalten bei einem Überfall	127
Versicherungen	127
Fahrzeuge sichern	131
Automobile	132
Motorräder	143
Fahrräder	146
Schutz vor fiesen Tricks	153
Raub, Diebstahl, Betrug	154
Sicherheit außer Haus	155
Gefahr zu Hause	165
Gefahr im weltweiten Netz	167
Service	175
Gaunerzinken	177
Adressen	181
Stichwortverzeichnis	185

Zahlen, Daten, Fakten

– Einbruchstatistik der letzten zehn Jahre
– Täter und Opfer im Profil
– Die Sicherheitspyramide

Einbrüche in Österreich

Mit 12.975 Einbrüchen in Wohnungen und Wohnhäuser lag die Zahl dieser Delikte 2016 deutlich niedriger als noch 2015, und erst recht im Vergleich mit dem Spitzenjahr 2009. Der Genauigkeit halber muss erwähnt werden, dass in dieser Statistik nicht nur die fertig ausgeführten Straftaten, sondern auch die erfolglosen Einbruchsversuche erfasst sind. 2016 ist es österreichweit immerhin in 40 Prozent der Fälle beim Versuch geblieben, in Oberösterreich und Wien lag dieser Prozentsatz sogar bei 42 Prozent.

So weit die gute Nachricht. Weniger rosig sieht es mit der Aufklärungsrate aus. Die ist zwar gestiegen, sie ist mit 10 Prozent aber noch immer sehr gering. Dass also 90 Prozent dieser Delikte nie geklärt werden, ist aus Sicht der Opfer eine frustrierende Tatsache.

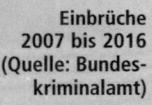
Einbrüche 2007 bis 2016 (Quelle: Bundeskriminalamt)

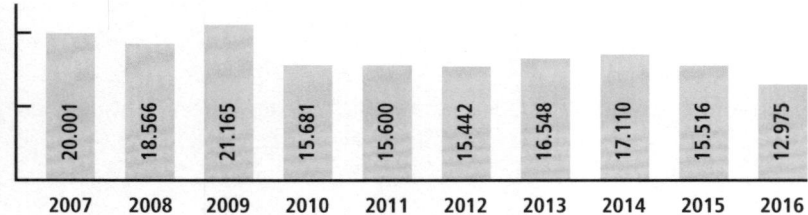

Dämmerungseinbrüche

Ein Phänomen zeigte sich 2016 wie auch in den Jahren davor: Die Aktivität der Einbrecher ist je nach Jahreszeit höchst unterschiedlich. Nicht im Sommer, wenn viele Häuser und Wohnungen urlaubsbedingt länger leer stehen, herrscht Hochkonjunktur. Vielmehr ist diesbezüglich der Winter, wenn das Tageslicht Mangelware ist, buchstäblich die dunkle Jahreszeit. Die meisten Anzeigen sind von Mitte November bis Mitte Dezember zu verzeichnen. In diesem Zeitraum gab es 2016 mehr als 40 Tatorte pro Tag.

Zahlen, Daten, Fakten

Dieses unter dem Begriff „Dämmerungseinbrüche" bekannte Phänomen geht vorwiegend auf das Konto mobiler, organisierter Tätergruppen. Es ist allerdings ein Vorurteil, dass es sich dabei ausschließlich um ausländische Staatsangehörige handelt. Wenngleich die Nicht-Österreicher am Einbruchssektor insgesamt noch immer deutlich in der Mehrheit sind. Auf jeden Fall hat sich die Polizei schon 2014 mit Intensivmaßnahmen auf die Bekämpfung der Dämmerungseinbrüche konzentriert, und sie erntete mit einer Reduktion um drei Prozent erste Früchte. Dabei standen nicht nur die Ballungszentren im Fokus, sondern auch ländliche Gebiete entlang von Hauptverkehrsrouten.

Wer sind die Täter?

Diese Frage lässt sich nicht allgemein beantworten. Die Polizei unterscheidet grob zwei Haupttätergruppen – mit vielen Schattierungen dazwischen:

Gelegenheitseinbrecher. Sie suchen sich gleichsam im Vorbeigehen Objekte aus, die augenscheinlich nicht oder schlecht gesichert sind. Bei ihren Taten wollen sie möglichst wenig Risiko eingehen – das heißt, sie scheuen Licht und Lärm. Ihre Taktik heißt Blitzeinbruch. Sie wollen sich weder lange mit einer Tür/einem Fenster aufhalten noch verbringen sie viel Zeit am Tatort. Ein, zwei Minuten reichen ihnen, um alles an sich zu raffen, was ihnen auf den ersten Blick wertvoll erscheint und leicht abzutransportieren ist. Vielfach handelt es sich um Einzeltäter, die auf diese Weise ihren Lebensunterhalt oder ihre Drogensucht finanzieren.

Plantäter. Sie wählen vielversprechende Objekte gezielt aus, oft nach längerer Beobachtung. Diese Profis sind auf große Beute aus und bereit, dafür auch ein höheres Risiko einzugehen. Sie nehmen sich Zeit und rücken mit schwerem Gerät an. Oft wird in Banden arbeitsteilig operiert: Einer kundschaftet aus, einer besorgt das Fluchtfahrzeug, einer kennt sich mit Alarmanlagen aus, ein anderer mit Safes. Im Inneren der Wohnung/des Hauses/des Geschäfts suchen sie gezielt nach den wertvollsten Stücken.

Was wird gestohlen?

Gemäß den Erfahrungen der Polizei sind die meisten Einbrecher – wenig überraschend – in erster Linie auf Bargeld aus. Liegt es offen herum oder ungesichert in Laden und Brieftaschen, freut sich das Ganovenherz. Darüber hinaus sind auch folgende Wertgegenstände bevorzugtes Diebesgut:

- Schmuck und wertvolle Uhren
- Laptops
- kleinere Elektrogeräte (Smartphone, Digitalkamera, MP3-Player, …)
- Waffen
- Bilder
- bargeldlose Zahlungsmittel

Wer sind die Opfer?

Vor einem Diebstahl, Einbruch oder gar Überfall ist leider niemand sicher. Egal ob Millionär oder Studenten-WG, Jungfamilie oder Seniorenpaar, jeden kann es erwischen. Wenn Sie selbst glücklicherweise noch nicht unmittelbar betroffen waren, so kennen Sie doch gewiss entsprechende Fälle im Verwandtenkreis, von Freunden, Arbeitskollegen oder aus der Nachbarschaft.

Nicht so sehr wer Sie sind spielt eine Rolle, sondern wie und wo Sie daheim sind. Die Kriminalstatistik offenbart deutliche Unterschiede innerhalb Österreichs. Wien ist, kaum verwunderlich, ein besonders heißes Pflaster. Rund 38 Prozent aller Straftaten (also inklusive Gewaltdelikten) wurden 2016 in der Bundeshauptstadt verübt. Das ist in Relation deutlich mehr, als der Einwohnerzahl entsprechen würde.

Es hat also einen realen Hintergrund, wenn sich die Wiener besonders vor Einbrüchen fürchten. Eine Erhebung des Kuratoriums für Verkehrssicherheit (KfV) hat ergeben, dass die Angst vor einem Wohnungs- oder Hauseinbruch in Wien mit 64 Prozent am stärksten verbreitet ist. Auch die meisten anderen Landeshauptstädte lagen mit Werten um die

Zahlen, Daten, Fakten

55 Prozent hoch. Am geringsten war der Wert in Bregenz (48 Prozent). Da ist es kein Wunder, dass viele Bewohner von Ballungsräumen ihre subjektive Lebensqualität beeinträchtigt sehen. Isolation, der Verlust des Vertrauens in den Rechtsstaat und der Ruf nach Bürgerwehren können die Folge sein.

Netzkriminalität schlägt Einbruch

Wie bereits erwähnt, hat sich das Bedrohungsbild in den vergangenen Jahren erweitert. Wenn man die Verbrecher durch Balkenriegel oder Alarmanlagen an der Eingangstür abwehrt, so kommen sie eben durch die Hintertür, genauer gesagt über Telefon oder Kabel herein – Ganoven, die es auf unser Geld abgesehen haben, tummeln sich zunehmend im Internet. Leider ist das Bewusstsein dafür in der Bevölkerung noch ungenügend ausgeprägt.

Dazu folgender kleiner Selbsttest: Überlegen Sie, wie groß Ihre Angst vor einem Einbruch ist? Und wie sehr fürchten Sie sich davor, Opfer von Internetkriminalität zu werden? Es mag Sie nun vielleicht überraschen: Mit 13.100 angezeigten Fällen – das entspricht einer Steigerung um mehr als 30 Prozent im Vergleich zum Jahr davor – hat die Cyberkriminalität 2016 erstmals die Wohnraumeinbrüche überholt! Die tatsächliche Zahl dürfte noch weit höher liegen, denn viele Netz-Delikte werden gar nicht angezeigt.

Traumatische Erlebnisse

Man kommt nach Hause, die Tür ist aufgebrochen, die Wohnung durchwühlt, Geld und der Familienschmuck fehlen. Menschen, die Opfer von Einbrüchen wurden, erzählen mitunter von traumatischen Folgen.

Die Betroffenen sind meist doppelt geschädigt: Da ist der unmittelbare materielle Verlust – den man im günstigsten Fall von der Versicherung einigermaßen ersetzt bekommt. Genauso schwer und durch keine Versicherung abzudecken wiegt aber der Verlust des Urvertrauens, in den

Nicht den Helden spielen

Zum Glück vermeiden die meisten Täter eine persönliche Konfrontation. Fälle, wo der heimkehrende Wohnungseigentümer einen Einbrecher auf frischer Tat ertappt und es dann zu einer Bluttat kommt, sind eher im Bereich des Kriminalfilms anzusiedeln als in der Realität. Völlig ausgeschlossen ist es aber nicht. Sollte es tatsächlich zu einer unliebsamen Begegnung mit einem oder mehreren Tätern kommen, befolgen Sie unbedingt folgende Ratschläge der Kriminalpolizei:

- Nicht den Helden spielen. Der Täter könnte bewaffnet sein.
- Ermöglichen Sie dem Täter die Flucht. Wer weiß, wozu er sich, in die Enge getrieben, hinreißen lässt.
- Machen Sie sich bemerkbar: Licht aufdrehen, rufen etc.
- Nach dem Feststellen eines Einbruchs beim Heimkommen nicht mehr in das Haus/die Wohnung gehen. Warten Sie das Eintreffen der Polizei vor dem Objekt ab.

Einbruchsopfer brauchen oft psychologische Hilfe

eigenen vier Wänden sicher zu sein. Der Umstand, dass wildfremde Menschen in den eigenen intimen Lebensbereich eingedrungen sind, macht vielen Einbruchsopfern schwer zu schaffen. Dazu kommt die Angst, dass „es" wieder passieren könnte.

Im Extremfall berichten die Opfer über körperliche Symptome wie Beklemmungszustände, Übelkeit, Schlaflosigkeit oder Herzrasen. Erst recht gilt das für Opfer von Raubüberfällen, wenn also auch Leib und Leben in Gefahr waren. In diesen Fällen ist psychologische Hilfe dringend nötig. Eine Anlaufstelle, bei der Sie im Fall des Falles als Verbrechensopfer Unterstützung erhalten, finden Sie im Serviceteil am Ende des Buches.

Die Sicherheitspyramide

Ein Grundprinzip, das sich durch dieses Buch zieht, ist: Es ist nie eine einzelne Maßnahme allein, die für möglichst hohen Schutz und Sicherheit sorgt. Sehr gut veranschaulichen lässt sich das mithilfe der Sicherheitspyramide.

Zahlen, Daten, Fakten

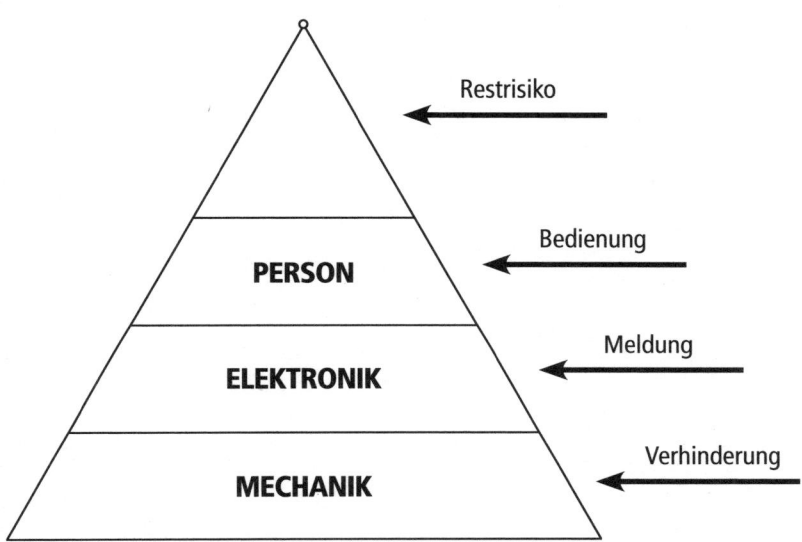

Sicherheitspyramide
(Quelle: Polizei/
Kriminalprävention)

Es ist also die Summe aus mechanischem Schutz, elektronischer Überwachung und verhaltensorientierten Maßnahmen, die eine optimale Wirkung beim Schutz von Eigentum zeigt. Aber selbst dann lässt sich ein gewisses Restrisiko nicht ausschalten, denn hundertprozentige Sicherheit gibt es nicht!

Interview mit Generalmajor Lang vom Bundeskriminalamt

– Österreich ist eines der sichersten Länder weltweit
– Mehr Kooperation und Bürgernähe
– Wie Sie Ihren Grätzelpolizisten finden

Bundeskriminalamt

Generalmajor Gerhard Lang ist im Bundeskriminalamt der strategische Leiter der Aktion „Gemeinsam sicher in Österreich". Wir sprachen mit ihm über die Kriminalstatistik, das Sicherheitsgefühl der Österreicher und die Bürgernähe der Polizei.

GEMEINSAM.SICHER
in Österreich

Die jüngst veröffentliche Kriminalstatistik zeigt für 2016 insgesamt einen leichten Anstieg. Im Bereich der Eigentumsdelikte ist aber, wie schon in den Vorjahren, ein weiterer Rückgang zu verzeichnen. Können sich die Österreicher also beruhigt zurücklehnen?

Lang: Erfreulicherweise gehen die Einbrüche und Diebstähle seit 2009, als wir mit 30.100 Fällen (Wohnraum und Kfz zusammengenommen) einen Spitzenwert hatten, kontinuierlich zurück. 2016 hielten wir bei knapp 16.000 Straftaten in diesen Sparten. Das ist fast eine Halbierung. Das ist aber kein Grund, nachlässig zu werden. Wir müssen am Drücker bleiben. Sonst könnte sich das sehr schnell wieder ändern. Denn es ist eine Art Verdrängungswettbewerb: Die Kriminalität wird insgesamt nicht weniger – wenn Österreich kein gutes Pflaster für Straftäter mehr ist, weichen diese eben auf andere Länder aus. Aber sie könnten jederzeit wieder zurückkommen.

Wie beurteilen Sie die Sicherheitslage in Österreich im gesamteuropäischen Vergleich?

Rein statistisch betrachtet ist die Gefahr, in Österreich Opfer einer Straftat zu werden, sehr gering. Da zählen wir zu den Top 3 nicht nur in Europa, sondern weltweit. Die subjektive Wahrnehmung der Bürger hat sich aber leider gegenteilig entwickelt. Wir erheben in Umfragen regelmäßig das Sicherheitsempfinden der Österreicher, und da zeigt sich, dass speziell in den vergangenen Jahren die Verunsicherung zugenommen hat.

**Das heißt, die objektive Bedrohung und
das Gefühl der Bevölkerung gehen nicht Hand in Hand?**

Genauso ist es! Ich nenne Ihnen ein Beispiel: Es gibt ländliche Bezirke im Osten Österreichs mit sehr geringer Kriminalitätsrate. Befragt man dort die Menschen, so kommt ein starkes Gefühl der Verunsicherung zum Ausdruck. Im Gegensatz dazu steht ein Bezirk aus dem Wiener Umland, wo es besonders viele Eigentumsdelikte gibt. Die Menschen dort geben an, sich sicher zu fühlen. Unser Ziel muss es nun sein, einen Gleichklang zu schaffen zwischen Wahrnehmung und Realität.

**Im Zuge einer Strukturreform wurden in den vergangenen
Jahren viele Polizeiposten aufgelassen bzw. zusammengelegt,
sowohl in Städten als auch in kleineren Gemeinden auf dem
Land. Die Polizei ist also nicht mehr so präsent. Könnte das
zur Verunsicherung beigetragen haben?**

Die Reform war nötig und hat aus unserer Sicht ein Mehr an Sicherheit und an Schlagkraft gebracht. Das ist leider nicht überall so angekommen. Zugegeben, der Kontakt zum „Dorfpolizisten", den man täglich in der Trafik oder auf der Straße getroffen hat, ist vielerorts verloren gegangen. Aber wir sind gerade dabei, gegenzusteuern. Wir schaffen im Rahmen der Initiative „Gemeinsam sicher in Österreich" sogenannte Sicherheitsbeauftragte – in Wien nennt man sie liebevoll Grätzelpolizisten. Deren Aufgabe ist es, intensiv den Kontakt mit den Bürgerinnen und Bürgern, aber auch mit Unternehmen und Institutionen zu suchen. Und sie sollen als persönliche Ansprechpartner fungieren. Nicht erst, wenn etwas passiert ist, sondern bereits im Vorfeld.

**Sie haben die Aktion „Gemeinsam sicher" erwähnt.
Können Sie kurz skizzieren, worum es sich dabei handelt?**

Die Botschaft von „Gemeinsam sicher" ist, dass dieses Thema uns alle angeht. Nicht allein die Polizei, sondern auch Institutionen wie z.B. Länder, Gemeinden, Wirtschaftskammer, Verkehrsunternehmen oder Schulen. Und natürlich jeden einzelnen Bürger. Sicherheit ist ein Bereich, wo viele

Rädchen zusammenwirken. Wir wollen alle diese Beteiligten an einen Tisch bringen, wir als Polizei geben nur den Anstoß und stellen unser Fachwissen zur Verfügung. Gemeinsam kann man Sicherheitsprobleme im Ansatz erkennen und lösen. Alle Betroffenen sollen eingebunden werden. Dabei geht es nicht allein um Kriminalität. Das können zum Beispiel auch Verkehrsprobleme sein.

Gibt es dafür positive Beispiele im Ausland?

Ich habe mir das „Community Policing" in Toronto angeschaut. Diese Stadt galt vor zehn Jahren als das Chicago Kanadas. Dann haben dort 25 Prozent der Polizisten ihre Waffen abgelegt und sich sozusagen unters Volk gemischt. Und tatsächlich ist die Kriminalität um 40 Prozent zurückgegangen, und zwar nachhaltig und seit mehreren Jahren gleichbleibend.

Lagert die Polizei damit die Verantwortung aus? Will man eine Art Bürgerwehr schaffen?

Nein, keinesfalls! Die Verbrechensbekämpfung als hoheitliche Aufgabe bleibt das Kerngeschäft der Polizei. Da gibt es kein Wenn und Aber. Vielmehr wollen wir das Vertrauen in die Exekutive weiter stärken. Aber wir sagen dem Bürger auch: Du trägst für deine Sicherheit bis zu einem gewissen Grad selbst die Verantwortung, durch richtiges Verhalten und Prävention. Und du trägst auch Verantwortung für deine Mitmenschen.

Apropos Selbstverantwortung: Im Gefolge der Flüchtlingswelle haben sich viele Privatpersonen in Österreich mit Schusswaffen eingedeckt. Wie sehen Sie das? Haben wir bald amerikanische Verhältnisse?

Hoffentlich nicht! Wir von der Exekutive betrachten diese Entwicklung äußerst kritisch. Denn mit dem Kauf einer Waffe ist es nicht getan, man muss damit auch umgehen können. Egal ob Pistole oder Pfefferspray, es können viele Dinge damit passieren, die man nicht will. Und im

Interview

schlimmsten Fall wird die Waffe sogar gegen den Besitzer selbst angewendet. Wenn sich jemand individuell schützen will, empfehlen wir beispielsweise einen Taschenalarm. Ein kleines Gerät, das nur wenige Euro kostet, aber einen Höllenlärm macht.

Zurück zur Aktion „Gemeinsam sicher". Abgesehen von den Sicherheitsbeauftragten, welche Maßnahmen sind noch geplant?

Erstens: Wir suchen Sicherheitspartner aus der Bevölkerung. Engagierte Bürger, die einen Informationsaustausch zwischen bestimmten Personengruppen und der Polizei erleichtern. Zweitens richtet die Polizei Sicherheitskoordinatoren auf Bezirksebene ein. Die sind ein Bindeglied zwischen den diversen Sicherheitspartnern und koordinieren Sicherheitsmaßnahmen in einer Region. Drittens wird es in jeder Gemeinde einen Sicherheitsgemeinderat geben. Er dient als Schnittstelle zwischen Kommunalpolitik und der lokalen Polizeiinspektion. Und dann gibt es viertens wie erwähnt die Sicherheitsbeauftragten in den lokalen Polizeiinspektionen als Ansprechpartner. Darauf wird übrigens auch in der Ausbildung Rücksicht genommen: Seit Anfang 2017 ist Bürgerbeteiligung ein integraler Bestandteil der Polizeiausbildung.

Anfangs lief die Aktion „Gemeinsam sicher" nur in einigen Modellregionen Österreichs. Gibt es hier bereits erste positive Beispiele?

Ja, es gibt bereits viele gute Beispiele. Lassen Sie mich eines aus Graz herausgreifen. Dort treten in Bussen und Straßenbahnen immer wieder akut Banden von Taschendieben auf. Mit verstärkter Streifentätigkeit der Polizei allein war dem Problem nicht beizukommen. Seit Herbst 2016 kooperieren Grazer Verkehrsbetriebe und Exekutive. Gibt es eine neue Welle von Taschendiebstählen, werden die Passagiere zeitnah auf den Infoscreens der Verkehrsmittel sowie am zentralen Jakominiplatz gewarnt. Parallel dazu werden in den Fahrzeugen Plakate mit Warnungen und Verhaltenstipps angebracht. Auf diese Weise werden nicht nur die Fahrgäste sensibilisiert, die Maßnahme dient auch zur Abschreckung potenzieller Täter.

Wann wird „Gemeinsam sicher" in ganz Österreich installiert?

Mit Mitte des Jahres 2017 sollte die Initiative flächendeckend umgesetzt sein. Dann gibt es in ganz Österreich Sicherheitsbeauftragte in den einzelnen Polizeiinspektionen.

**Wie kann ich als Bürger herausfinden,
wer mein Ansprechpartner, mein Grätzelpolizist ist?**

Das ist ganz einfach. Auf unserer Website www.gemeinsamsicher.at finden Sie nicht nur alle Informationen über die Initiative, sondern Sie können auch gezielt nach den Sicherheitsbeauftragten in Ihrer Region suchen. Genauso bequem geht es auf dem Smartphone mit der Polizei-App. Einfach gratis installieren (Polizei.at) und per Fingerdruck den richtigen Ansprechpartner finden.

Danke für das Gespräch!

Wohnungen und Häuser schützen

– Die wichtigsten Tipps zur Vorbeugung
– Sichere Türen und Fenster
– Alles über Schlösser

Schwachstellen-Analyse

Fühlen Sie sich gefährdet, Opfer von Einbrechern zu werden? Nun, Ihr subjektives Empfinden entspricht vielleicht nicht ganz der tatsächlichen Gefährdungslage. Denn nicht jedes (Wohn-)Objekt ist für Ganoven gleich interessant. Das hängt von einer Vielzahl von Faktoren ab, wie die Spezialisten der Kriminalpolizei wissen.

Um einschätzen zu können, wie groß die Gefährdung tatsächlich ist, empfiehlt es sich, eine Schwachstellenanalyse Ihres Hauses oder Ihrer Wohnung durchzuführen. Kriminalistik-Experten tun das, indem Sie sich gedanklich in die Rolle des Einbrechers versetzen.

Denn worauf legt ein Einbrecher besonderen Wert? Sein Ziel ist einerseits reiche Beute. Andererseits will er sein kriminelles Handwerk möglichst schnell, ohne großen Kraftaufwand und unauffällig (Lärm!) verrichten. Objekte, die das ermöglichen, wird er also bevorzugen.

Die Wohnumgebung hat großen Einfluss auf die Gefährdungslage

Wohnlage

Es beginnt schon bei der Wohnumgebung. Wer abgeschieden und ohne direkte Nachbarn abseits der Hauptstraße residiert, muss eher mit ungebetenem Besuch rechnen als jemand, der in einer dicht besiedelten Einfamilienhaus-Gegend lebt. Auch die Lichtsituation kann eine Rolle spielen. Je besser die öffentliche Beleuchtung in der Nacht, desto unattraktiver ist die Gegend für lichtscheue Elemente. Manchen professionellen Tätergruppen ist überdies eine Möglichkeit zur raschen Flucht wichtig. Sie haben daher eher Tatorte im Visier, die nahe einer Autobahnauffahrt liegen, über die sie dann das Weite suchen können. In der Großstadt sind Objekte nahe Verkehrsknotenpunkten interessant, da die Einbrecher dort leichter in der Menschenmenge untertauchen können.

Bei Einfamilienhäusern spielen, so weiß man aus Täterbefragungen, für den Laien scheinbar unbedeutende Äußerlichkeiten eine Rolle. Ist ein Haus ganz neu, so kalkuliert der Täter, dass die finanziellen Mittel der Besitzer vorerst in den Hausbau geflossen sind und nicht viel Geld für die Anschaffung von wertvoller Wohnungseinrichtung, Schmuck oder Kunstwerken übrig geblieben ist. In diesem Fall ist also nicht unbedingt fette Beute zu erwarten. Auch im Garten umherliegendes Kinderspielzeug deutet darauf hin, dass hier eine Jungfamilie wohnt, die sich (noch) keinen Luxus leisten kann.

Ein etwas älteres, aber gepflegtes Haus scheint da schon eher ein lohnendes Ziel zu sein. Man darf annehmen, dass die Bewohner schon länger hier leben und dass sich in dieser Zeit einiges an verwertbarem Wohnungsinventar angesammelt hat. Ein Blick auf die vor dem Haus oder in der Garage abgestellten Autos lässt ebenfalls Rückschlüsse auf die Finanzkraft der Besitzer zu.

Erdgeschoß sowie Balkonwohnungen im 1. Stock sind vorrangig im Visier von Einbrechern

Ganz unten und ganz oben

In der Stadt bzw. in Mehrfamilienhäusern sind vor allem die im Erdgeschoß liegenden Wohnungen gefährdet, ebenso Balkonwohnungen im 1. Stock. Denn diese bieten nicht nur über die Wohnungstür, sondern auch von außen über Fenster, Balkone oder Terrassen jede Menge Angriffspunkte. Ganz oben im Haus steigt die Gefährdungslage ebenfalls an: Dachausbauten sind oft über Nachbarhäuser, Terrassen und Rauchfangkehrerstege leichter erreichbar, als man denkt.

Weg des geringsten Widerstands

Wie eingangs erwähnt, wählen die meisten Einbrecher den Weg des geringsten Widerstands. Hat Ihr Nachbar eine erkennbar gut gesicherte Tür mit mehreren Schlössern, Sie hingegen nicht, dann ist unschwer zu erraten, wofür sich der Übeltäter entscheiden wird.

Apropos Weg des geringsten Widerstands: Aus dieser Logik resultiert, dass alle Öffnungen in der Außenhaut Ihres Domizils eine vorprogrammierte Schwachstelle darstellen. Das sind also die Wohnungstür, Verbindungstüren (z.B. von der Garage zum Wohnbereich), alle Fenster (einschließlich Gangfenster, Kellerfenster und Dachluken) sowie Balkon- und Terrassentüren oder Lichtschächte. Denn kein Einbrecher wird versuchen, durch eine Beton- oder Ziegelwand in Ihr Haus einzudringen, wenn er es auch viel einfacher haben kann. Andererseits: Leichtbauwände (z.B. Gipskarton) stellen ebenfalls kein großes Hindernis dar – da nützt Ihnen dann

apichai kleechaya/Shutterstock.com

Sichere Gartengestaltung

Wer ein Haus mit Garten besitzt, ist in seinem eigenen Reich gern ungestört. Übermannshohe Hecken und blickdichte Zäune oder Mauern schützen die Privatsphäre. Bedenken Sie aber, dass gerade das für Einbrecher sehr praktisch ist. Denn so können sie ungestört ans Werk gehen, ohne Gefahr zu laufen, von Nachbarn oder Passanten entdeckt zu werden. Ratsam ist, an neuralgischen Punkten des Hauses offene Sichtachsen zu Nachbarn oder zur Straße hin frei zu halten.

auch eine gepanzerte Eingangstür nichts. Einbruchsschutz ist eben immer als Gesamtkonzept zu betrachten, das nur so gut ist wie das schwächste Kettenglied. Bei der Sicherung Ihres Heimes, sei es mechanisch oder elektronisch, spielen diese Schwachstellen also eine zentrale Rolle.

Wichtige Tipps zur Vorbeugung

Wie bereits ausgeführt, sollte Ihr persönliches Sicherheitskonzept drei Säulen umfassen: die mechanische Sicherung, die elektronische Sicherung und das richtige Verhalten. Die beiden erstgenannten Bereiche werden in weiterer Folge noch umfassend behandelt. Zunächst geht es um jene Maßnahmen, die jeder selbst vorbeugend setzen kann. Und die noch dazu den Vorteil haben, dass sie nur wenig Geld kosten oder überhaupt gratis sind! Wenn Sie die folgenden Tipps beherzigen, können Sie die Gefahr für Ihr Eigentum und womöglich für Leib und Leben deutlich verringern. Einiges mag Ihnen bereits bekannt sein, ist es aber doch wert, in Erinnerung gerufen zu werden.

Protz und Prunk ziehen Ganoven an

Statussymbole. Wir Menschen neigen dazu, unseren Rang in der Gesellschaft über Äußerlichkeiten zu definieren. Eine prunkvolle Villa mit großem Garten und teure Schlitten in der Garage steigern, so glauben wir, unser Ansehen in den Augen unserer Mitbürger. Gleichzeitig erwecken wir damit aber auch das Interesse und den Neid von Menschen, die nichts Gutes im Schilde führen. Ein bisschen mehr Understatement und etwas weniger Protz sind schon einmal eine gute Basis für unsere Sicherheit.

Wohnungen und Häuser schützen

Namensschild. Gestalten Sie Ihr Namensschild an der Wohnungstür oder bei der Gegensprechanlage möglichst neutral. Auch wenn Sie Universitätsdozent und Doppeldoktor sind – vermeiden Sie die Angabe von Titeln. Einfach der Name oder „Familie XY" reicht völlig und erregt weniger Aufmerksamkeit. In manchen Wohnhausanlagen sind straßenseitig überhaupt nur noch die Wohnungsnummern (z.B. „Top 10") angegeben. Das ist extrem anonym, erschwert aber auch Besuchern oder Lieferanten, Sie zu finden, wenn diese nur die Hausnummer, aber nicht die Türnummer kennen.

Briefkasten. Alle Jahre wieder in der Urlaubssaison warnt die Polizei über die Medien, dass überquellende Briefkästen geradezu eine Einladung für Einbrecher sind. Bitten Sie Verwandte, gute Freunde oder vertrauenswürdige Nachbarn, während Ihrer Abwesenheit regelmäßig Post und Werbesendungen zu entfernen und für Sie aufzuheben.

Zeitungen. Wer eine Zeitung abonniert hat, weiß den Service zu schätzen, dass sein Leibblatt täglich an die Wohnungstür geliefert wird. Wenn sich die Zeitungen dort aber stapeln, ist das nicht so günstig. Unterbrechen Sie Ihr Abo, wenn Sie verreisen; auch wenn es nur wenige Tage sind. Bei den meisten Verlagen lässt sich das sogar bequem via Internet veranlassen. Denken Sie rechtzeitig daran, denn der Vertrieb braucht meist drei bis fünf Tage Vorlaufzeit. Alternativ können Sie auch jemanden bitten, die Zeitungen wegzuräumen – und zwar am besten täglich.

Andrey_Popov/Shutterstock.com

Sorgen Sie dafür, dass auch während Ihres Urlaubs der Briefkasten regelmäßig entleert wird

Blumenpflege. Wenn Sie in den Sommerferien sind, sollten Sie jemanden haben, der Ihre Pflanzen betreut. Verwelkte Blumenbeete oder ein verdorrter Kräutergarten auf dem Balkon sind für Einbrecher ein Indiz, dass das Haus bzw. die Wohnung gerade verwaist ist.

Tratsch. Überlegen Sie sich gut, wann, wo und wem Sie Privates verraten. Wenn Sie der Supermarktkassierin erzählen, dass Sie übers Wochenende ins Ausland fahren, oder im Kaffeehaus brühwarm berichten, dass Sie sich eben eine teure Kameraausrüstung angeschafft haben, müssen Sie mit unerwünschten Zuhörern rechnen. Auch den Paketboten sollten Sie nicht mit einem „Wir sind übrigens ab morgen 14 Tage auf Urlaub" begrüßen. Wer weiß schon, welche Kreise eine solche Nachricht – beabsichtigt oder unbeabsichtigt – zieht. Und welche böse Überraschung Ihnen womöglich nach Ihrer Rückkehr aus den Ferien droht.

Vorsicht beim Tratschen

Türen. Schließen Sie die Türen immer ab, auch wenn Sie Haus oder Wohnung nur kurz verlassen. Denn Gelegenheit macht Diebe: Eine angelehnte Tür kann schnell einmal einen zufälligen Passanten verlocken und zum Einschleichdieb werden lassen.

Fenster. Ähnliches wie für Türen gilt auch für Fenster, speziell in den unteren Etagen. Bei nicht vergitterten Fenstern lüften Sie am besten nur, wenn Sie auch anwesend sind. Ein sperrangelweit geöffnetes oder ein gekipptes Fenster in einem leeren Haus – etwas Besseres kann sich ein Dieb wohl nicht wünschen.

Steckdosen. In Häusern mit Garten braucht man auch im Außenbereich Strom – etwa, um Lampen oder Rasenmäher betreiben zu können. Oft befinden sich daher Steckdosen an der Außenwand von Gebäuden. Wenn dem so ist, sollten sich diese von innen stilllegen lassen. Sonst freut sich eine Gaunerbande, wenn sie mit der Flex Fenstergitter oder Türblätter durchschneiden kann.

Wohnungen und Häuser schützen

Gefahr via Internet

Soziale Medien. Ein relativ neues Gebiet, das im weiteren Sinn auch in die Kategorie „Tratsch" fällt, ist der Umgang mit den sozialen Medien. Natürlich ist es sehr verlockend, seinen Freunden auf Facebook & Co die Freude über den bevorstehenden Urlaub kundzutun. Und den Rest der Menschheit mit täglich ins Internet gestellten Fotos an der luxuriösen Karibik-Kreuzfahrt teilhaben zu lassen. Aber Sie können nie ganz sicher sein, dass diese Botschaften nicht auch an die falschen Personen geraten. Zügeln Sie also aus Sicherheitsgründen Ihr Mitteilungsbedürfnis – auch wenn das schwerfallen mag.

Gelegenheit macht Diebe

Sorglosigkeit. Leitern, Stühle und Tische sollten nicht einfach im Garten herumstehen oder -liegen. Sie gehören immer weggesperrt – genauso wie alle anderen Gegenstände, die als Aufstiegshilfe missbraucht werden könnten.

Computer und Haushaltsgeräte. Fast jeder Computer und auch manches andere Gerät in Ihrer Wohnung (z.B. der TV-Apparat) ist heutzutage mit einer Kamera ausgerüstet. Sie haben sicher Berichte darüber gelesen, dass es möglich ist, sich von außen in diese Geräte einzuklinken („hacken"), selbst wenn sie ausgeschaltet sind. Auf diese Weise können Innenräume ausspioniert werden und man könnte feststellen, ob jemand zu Hause ist. Dass es tatsächlich passiert, ist zwar unwahrscheinlich, weil dafür Spezialwissen erforderlich ist, aber technisch ist es möglich. Verdecken Sie solche Kameras daher sicherheitshalber während Ihrer Abwesenheit.

Schlüssel. Leider ist die Unsitte, einen Reserveschlüssel außerhalb der Wohnung oder des Hauses zu deponieren, noch immer weit verbreitet. Die Fußmatte oder Blumenkästen sind beliebte, aber völlig ungeeignete Verstecke. Gewiefte Einbrecher kennen sie alle – und sagen „Danke!". Schaffen Sie sich wenigstens einen Schlüsseltresor an. Das ist eine kleine,

Aufeinander achten

Sicherheit ist eine Sache, die uns alle angeht. Wir sollten sie nicht allein der Exekutive überantworten. Vielmehr geht es darum, nicht nur auf uns selbst, sondern auch auf unsere Mitmenschen zu schauen. Genau das ist die Botschaft, die die Polizei mit der Kampagne „Gemeinsam sicher" vermitteln will (▶ Seite 22). In manchen Siedlungen funktioniert diese Form der Nachbarschaftshilfe schon recht gut. Man achtet darauf, ob sich fremde Personen herumtreiben, und notiert die Kennzeichen von Autos, die nicht in die Gegend gehören. Auch in Ihrer Siedlung oder Ihrem Wohnblock sollten Sie sich um gute Nachbarschaft bemühen und soziale Kontakte knüpfen. So finden Sie gewiss vertrauenswürdige Menschen, die in Ihrer Abwesenheit beispielsweise Ihren Postkasten leeren oder die Blumen betreuen. Die werden das gerne tun, wenn Sie Ihnen in gleicher Weise behilflich sind. Wichtig: Wenn Sie etwas Verdächtiges bemerken, greifen Sie nicht persönlich ein. Das ist Sache der Profis in Uniform! Wählen Sie den Polizeinotruf 133, notieren Sie allenfalls Personenbeschreibungen oder Autokennzeichen. Damit unterstützen Sie die Polizei besser als mit falsch verstandenem Heldentum.

Collin Quinn Lomax/Shutterstock.com

massive Metallbox, die an der Hausmauer oder am Türstock verankert wird. Sie nimmt die Schlüssel auf und ist nur mit einer mehrstelligen Tastenkombination zu öffnen.

Mechanische Gebäudesicherung

Wie aus der Sicherheitspyramide (▶ Seite 15) erkennbar, bildet die mechanische Gebäudesicherung die Basis und den breitesten Teil des Sicherheitskonzepts. Ihr sollte nach Ansicht des Bundeskriminalamtes der Vorzug vor elektronischer Sicherung gegeben werden. Darum widmet sich dieses Buch sehr ausgiebig dieser Materie.

Schwachstelle Außenhaut

Jede Kette ist nur so stark wie ihr schwächstes Glied. Das gilt auch für die Außenhaut eines Gebäudes, also die gesamte Oberfläche eines Hauses oder einer Wohnung inklusive deren Öffnungen. Die dicksten Mauern helfen nicht gegen fremdes Eindringen, wenn sich die Tür mit der Schulter aufdrücken, mit einer Brechstange aufhebeln oder ein gekipptes Fenster sich mit einem einfachen Werkzeug innerhalb von 30 Sekunden öffnen lässt, ohne dass auch nur eine Spur am Rahmen zu sehen ist.

Vor allem bei Stadtwohnungen kommen die Einbrecher am häufigsten, nämlich in gut der Hälfte der Fälle, durch die Wohnungstür. Auch Fenstertüren (Balkon, Terrasse) bieten leichte Angriffspunkte. Eher selten ist das Eindringen durch ein Fenster. Bei Einfamilienhäusern sieht es anders aus: Hier kommt die Mehrzahl der Täter über Fenstertüren und Fenster, aber nur in seltenen Fällen wird die Haustür geknackt.

Die Schwachstellen im städtischen Bereich sind also die Türen. Das fängt bei den Haustoren von Mehrparteien-Mietshäusern an, die selten ein Hindernis darstellen. Unter dem Motto „Frechheit siegt" werden Gegensprechanlagen zum „Sesam, öffne dich!" für Eindringlinge. Die überwiegende Zahl der Hausbewohner, so haben Tests bewiesen, öffnet die Tür ohne Weiteres, wenn eine angebliche Paketzustellung oder Blumenlieferung angekündigt wird.

Die meisten Einbrecher kommen durch die Wohnungstür

Problem Generalschlüssel

Eine viel heiklere, weil nicht im Bewusstsein verankerte Schwachstelle ist jedoch der sogenannte Post-Generalschlüssel. An vielen Klingeltafeln von Wiener Häusern findet sich neben den Klingelknöpfen und Namensschildern auch noch ein Schloss. Der Schlüssel dazu, der sogenannte Post- oder Z-Schlüssel, war ursprünglich dafür gedacht, dem Briefträger oder den Müllmännern den Zugang zu jedem Haus zu ermöglichen, und er sollte eigentlich auf diese Personengruppen beschränkt bleiben.

Da vor einigen Jahren der Patentschutz ausgelaufen ist, kann aber mittlerweile jede Privatperson einen solchen Schlüssel völlig legal erwerben. Das Nachmachen beim Schlüsseldienst kostet rund 15 Euro –

Mechanische Gebäudesicherung

geradezu eine Einladung auch für kriminelle Elemente. Die Polizei warnt daher vor dem veralteten Zugangssystem. Schließsysteme, die mit Chipkarten funktionieren, sind eine gute Alternative. Auf diesen Karten können unterschiedliche Benutzergruppen definiert werden, denen Hausbesitzer oder Hausverwalter den Zugang gewähren. Und diese Karten können praktisch nicht nachgemacht werden.

Wenn es also in Ihrem Mehrparteienhaus noch immer ein solches unsicheres Zugangssystem gibt, wäre es ratsam, mit der Hausgemeinschaft die Installation eines Chipkartensystems zu vereinbaren. Eine Investition, die sich lohnen kann!

Chipkarten statt Schlüssel

Schlupflöcher

Dieses Zugangssystem sollte aber alle Eingänge umfassen. Ein Schlupfloch für Täter kann in einer Wohnanlage oder einem Bürohaus auch die Tiefgarage sein, wenn diese allgemein zugänglich bzw. nur durch einen Schranken, nicht aber durch ein Rolltor gesichert ist. Von der Garage aus kommt man meist relativ leicht ins Stiegenhaus oder in einen Lift – mitunter dank tatkräftiger Mithilfe eines Hausbewohners, der arglos die Tür aufhält.

Einmal ins Haus gelangt, ist es für die Täter ein Leichtes, in eine fremde Wohnung zu gelangen. Da viele Einbrecher den Weg des geringsten Widerstandes gehen, fällt ihnen dieser z.B. in Wien besonders leicht. Eine besondere Schwachstelle sind nämlich die in Altbauten weit verbreiteten Doppeltüren. Erhebungen der Kriminalpolizei gehen davon aus, dass die Mehrzahl der Altbautüren einem Einbruchversuch nicht standhalten würde. Denn solche Türen einbruchshemmend nachzurüsten ist sehr kostspielig, und das hält viele Mieter von der Investition ab.

Nachrüsten ist teuer, aber sinnvoll

Einbrecher beurteilen aber nicht nur die Bauart der Tür, sie achten auch auf andere Signale. Zeitungen und Prospekte, die sich vor der Wohnungstür stapeln, lassen auf eine längere Abwesenheit der Bewohner schließen. Türschilder, die mit akademischen Titeln gespickt sind, lassen reiche Beute erwarten. Beachten Sie also die Vorsichtsmaßnahmen, wie sie auf ▶ Seite 26 beschrieben sind.

„Knackpunkt" Tür

Leben Sie in einer Wohnung, überlegen Sie, wo überall ein unwillkommener Besucher eindringen könnte. Neben der Wohnungstür kommen dafür über den Gang erreichbare Fenster ebenso in Betracht wie Terrasse oder Balkon.

Noch mehr Möglichkeiten gibt es bei Einfamilienhäusern. Hier kommen alle Arten von Türen – auch Kellertüren – sowie Lichtschächte, Fenster und Dachluken infrage. Zwar verschaffen sich Einbrecher am liebsten durch uneinsehbare Haus- oder Terrassentüren, möglichst an der Rückseite des Hauses, Zutritt. Sie verschmähen aber auch ein gekipptes Fenster nicht. Und zwar keineswegs nur im Erdgeschoß, sondern sogar in oberen Stockwerken. Eine Leiter ist schnell gefunden, vor allem, wenn die Hausbesitzer sie im Umfeld des Hauses vergessen oder deponiert haben. Rasch ist zudem eine Fensterscheibe eingeschlagen, um von innen die Verriegelung zu öffnen. Selbst Glasbauziegel stellen kein großes Hindernis dar.

Haben Sie alle möglichen Schwachstellen geortet, sollten Sie sie auf ihre mechanische Sicherheit überprüfen. Diese ist umso größer, je länger ein Eindringling braucht, um das Hindernis zu überwinden. Als wichtigster Schritt zum besseren Schutz gegen Einbruch gilt daher, den sogenannten Widerstandswert, der bei herkömmlichen Türen und Fenstern meist sehr gering ist, zu erhöhen.

Alle Gebäudeöffnungen sind mögliche Schwachstellen

Türen

Türen bestehen aus mehreren Elementen. Jedes dieser Elemente kann einen Schwachpunkt darstellen. Auch hier gilt: Jede Kette ist so stark wie ihr schwächstes Glied, und nur in ihrem optimalen Zusammenwirken entsteht größtmögliche Sicherheit.

Mechanische Gebäudesicherung

Die wichtigsten Schwachstellen einer Tür – und wie sie sich nachträglich gegen Einbrecher sichern lässt.

1 Zarge. Der Türrahmen sollte aus solidem Material bestehen und stabil im Mauerwerk verankert sein. Instabile Zargen sollte man austauschen.

2 Einsteckschloss. Empfehlenswert sind einbruchhemmende Schlösser nach DIN 18251 ab Klasse 4, bei Mehrfachverriegelung ab Klasse 3.

3 Schließzylinder. In das Einsteckschloss am besten Profilzylinder der Angriffswiderstandsklasse 1 oder 2 mit Bohrschutz nach DIN 18252 einbauen.

4 Schutzbeschlag. Geeignet sind Beschläge ab Klasse ES 1 nach DIN 18257, am besten mit Zylinderabdeckung. Der Zylinder darf nicht überstehen.

5 Schließblech. Verlängerte, mehrfach im Mauerwerk verankerte Schließbleche mit 3 Millimeter Materialstärke erschweren das Aufhebeln.

6 Querriegel. Reicht oft als Sicherung. Er sollte in Hüfthöhe fest im Mauerwerk verankert sein, weil Einbrecher da die größte Kraft aufwenden können.

7 Stangenschloss. Empfiehlt sich für Doppelflügeltüren. Der obere Schließkasten muss stabil befestigt und der untere Riegeleinschluss tief genug sein.

8 Kastenzusatzschloss. Der Schließkasten sollte mauerverankert, das Schloss fest montiert sein. Sperrbügel erlauben ein spaltbreites Öffnen.

9 Bandsicherung. Zum Aufschrauben oder im Türfalz: Stabile Zapfen greifen in auf dem Rahmen befestigte Bleche, die am besten im Mauerwerk verankert sind.

Illustration: K. Hammling

Türblatt

Dass Türen bei Einbrechern so beliebt sind, hat mehrere Gründe: Einfache Türen mit einfachen Schlössern aufzubrechen ist für Einbrecher, egal ob Gelegenheitsdieb oder Profi, ein Kinderspiel. Der zweite Vorteil: Türen sind natürlich der einfachste Weg zum Abtransportieren von Diebesgut und sie sind auch der beste Fluchtweg, falls die Täter auf frischer Tat ertappt werden. Bei eingeschlagenen Fenstern ist die Verletzungsgefahr größer und der Einstieg unbequemer als durch die aufgebrochene Eingangstür.

Einem Türblatt sieht man von außen oft nicht an, wie (wenig) stabil es wirklich ist. Wabentüren können massiv wirken, sind aber Leichtbautüren, die aus einem Holzrahmen und einer dünnen Abdeckung aus Hartfaserplatten bestehen. Die Mittellage, also die eigentliche Füllung des Türblatts, besteht bei diesen Türen meist nur aus Kunststoff-, Pappe- oder Papierwaben bzw. aus Sperrholz oder Hartfaserstreifen. Türen solcher Bauweise bieten so gut wie keine mechanische Sicherheit. Sie lassen sich leicht durchstoßen oder mit der Schulter aufdrücken. Wabentüren lassen sich auch nicht verstärken und sollten daher ausgetauscht werden (welche Möglichkeiten es dazu gibt, finden Sie im folgenden Abschnitt).

Je stabiler das Türblatt, desto besser

Auch massive Holzaußentüren können Schwachstellen in Form von Fenstern oder Luken haben, egal ob aus Glas oder aus Glasbausteinen. Selbst hier bietet die Standardausführung nur geringen Schutz.

Nachträgliche Verstärkung ist möglich

Um das Türblatt besser abzusichern, gibt es zwei Möglichkeiten: Man kann entweder die vorhandene Tür nachträglich verstärken, etwa durch Verstrebungen oder Balkenschlösser, oder eine einbruchhemmende Tür einbauen. Einfache Verstärkungen können z.B. Blech- oder Metallplatten sein. Auch das zusätzliche Anbringen einer mindestens 20 Millimeter dicken Spanplatte innen kann die mechanische Sicherheit erhöhen. Das sieht vielleicht nicht schön aus, aber es wirkt.

Bei Glasflächen im Türblatt sollten Sie das vorhandene Glas durch Sicherheitsglas ersetzen oder verstärken lassen, etwa durch eine Polykarbonat-Scheibe oder durch Verbundsicherheitsglas. Überdies lassen sich

Mechanische Gebäudesicherung

die Glasbefestigungen verstärken. Auch ein schönes schmiedeeisernes Gitter vor dem Fenster im Türblatt kann Eindringlinge abhalten. Das Gitter muss aber von innen angeschraubt werden, denn jeder Einbrecher hat zumindest einen Schraubenzieher dabei. Allerdings können so nur kleinere Glasflächen im Türblatt verstärkt werden.

Einbruchhemmende Türen und Sicherheitstüren

Eingangs ein paar Worte zur Begriffsklärung. Im täglichen Sprachgebrauch und mitunter in der Werbung ist in Zusammenhang mit Einbruchsicherung meist von „Sicherheitstüren" oder „Sicherheitsfenstern" die Rede. Das hören aber manche Kriminalisten und Sicherheitsexperten nicht gern, denn der Begriff wiegt die Konsumenten ihrer Ansicht nach in falschem Glauben; er ist außerdem nicht genau definiert. Jeder Hersteller kann seine Tür nach Belieben als Sicherheitstür bezeichnen, was noch lange nichts über die tatsächliche Effektivität aussagt.

Die korrekte Bezeichnung lautet: „einbruchhemmende" Türen bzw. Fenster. Für diese gibt es in der ÖNORM genau festgelegte Qualitätskriterien. Im folgenden Text behalten wir daher die Bezeichnung „einbruchhemmend" bei. Entscheidend ist allerdings nicht, wie das Kind heißt, sondern dass es ein Pickerl mit dem Hinweis auf die ÖNORM hat (siehe übernächster Absatz).

Dieses Prüfsiegel bürgt für Qualität

Türblätter gibt es aus verschiedenen Materialien. Vollholz-Türblätter sind auf jeden Fall sicherer als die schon erwähnten Wabentüren. Allerdings ist von außen oft nicht zu erkennen, ob das Blatt nur so aussieht oder wirklich zur Gänze aus Holz besteht. Ein Hinweis ist das Gewicht, denn massive Holztüren sind natürlich schwerer als mit Füllmaterial und dünnen Holzfaserplatten gefertigte Türen. Eine Tür, die zwischen 15 und 20 Kilogramm wiegt, ist in der Regel auch leicht zu knacken. Erst ab einem Gewicht von etwa 45 Kilogramm ist eine ausreichende Widerstandsfähigkeit zu erwarten. Auch Türblätter aus Kunststoff können eine höhere Sicherheit bieten. Noch schwieriger wird es für Einbrecher, wenn das Blatt aus Metall gefertigt ist.

Einbruchhemmende Türen müssen, um dieses Etikett zu Recht tragen zu können, nach der ÖNORM B-5338 oder bei deutschen Anbietern nach DIN EN 1627 überprüft und zertifiziert sein. Unabhängig von Material,

Türen der Widerstandsklasse (WK) 0 (links), WK 2 (Mitte) und WK 3 (rechts)

Aussehen oder Bauweise gibt es genaue Kriterien, nach denen diese Türen in insgesamt sechs Widerstandsklassen eingeteilt werden. Ausschlaggebend für diese Einteilung ist zum einen die Widerstandskraft des Türblatts und zum anderen, mit welchem Werkzeug ein Täter die Tür in welcher Zeit öffnen kann. Sei es mit mechanischer Gewalt gegen das Türblatt, durch Überwinden des Schlosses oder durch Aushebeln oder Aufbrechen, z.B. mittels Schraubendreher oder Brecheisen („Kuhfuß").

Wie in der Tabelle angeführt, werden von Experten wie jenen vom Kriminalpolizeilichen Beratungsdienst oder dem Kuratorium für Verkehrssicherheit für Privathaushalte Türen mit Widerstandsklasse 3 (WK 3) als optimaler Schutz empfohlen. Auch deshalb, weil einschlägige Untersuchungen ergeben haben, dass die meisten Einbrecher aufgeben, wenn

Mechanische Gebäudesicherung

Widerstandsklassen (WK) für Türen nach ÖNORM 5338

WK	Erwarteter Angriff	Widerstandszeit	Einsatzempfehlung
1	Körperliche Gewalt wie Gegentreten, Gegenspringen, Schulterwurf, geringer Einsatz von Hebelwerkzeugen	Keine, manuelle Prüfung	Grundausstattung für Wohnungsabschlusstüren, geringe Einbruchhemmung
2	Einsatz einfacher Werkzeuge wie Schraubenzieher, Zange oder Keil	3 Minuten	Standardsicherheit für Wohnungsabschlusstüren und Haustüren mit normalem Risiko
3	Einsatz von zweitem Schraubenzieher oder Kuhfuß	5 Minuten	Empfohlen als ideale Sicherung im privaten Bereich
4	Erfahrener Täter mit Schlagaxt, Stemmeisen, Hammer und Meißel oder Akku-Bohrmaschine	10 Minuten	Hohe Sicherheit für öffentliche Gebäude und Gewerbeobjekte
5	Zusätzlich werden Bohrmaschine, Stichsäge und Winkelschleifer verwendet	15 Minuten	Hochsicherheitsbereich und für Gebäude mit hohem Risiko
6	Leistungsfähige Elektrowerkzeuge	20 Minuten	Höchster Gebäude- und Personenschutz

Die Widerstandsklassen im Überblick

sie länger als zwei Minuten zum Knacken einer Tür brauchen. 80 Prozent der Eingangstüren werden mit einem Schraubendreher oder einem einfachen Hebelwerkzeug aufgebrochen, wobei Profis dafür nicht länger als 30 Sekunden benötigen. Schon bei einer Tür mit WK 2 ist das nicht mehr möglich, bei WK 3 gänzlich ausgeschlossen.

Die Widerstandsklassen 4 bis 6 richten sich eher an Gewerbebetriebe oder öffentliche Objekte mit hoher Gefährdung. Sie zielen auf die Abwehr erfahrener Täter, die auch schweres Werkzeug einsetzen und zu einem hohen Risiko bereit sind. Bei der Auswahl von einbruchhemmenden Elementen dieses hohen Standards ist zu berücksichtigen, dass sie nicht nur

Einbrecher, sondern im Notfall auch die Feuerwehr auf eine harte Probe stellen.

Türen dieser Kategorie sind meist aus Holz, Kunststoff oder Metall. Wenige Hersteller verstärken sie auch mit Stahl. Diese Produkte bieten also guten Schutz gegen das Durchdringen des Türblatts. Sie sind meist mechanisch zu verriegeln und weisen ein weiteres wichtiges Sicherheitsmerkmal auf: Sie verfügen über eine Bandsicherung oder Hintergreifhaken, die ein Aushebeln verhindern (mehr dazu ab ▶ Seite 43).

Sicherheit hat ihren Preis

Sicherheit hat allerdings ihren Preis, der mit der Höhe des Schutzes steigt. Türen der Widerstandsklasse 1 gibt es ab etwa 1.500 Euro inklusive Montage, bei einer einflügeligen Tür der Widerstandsklasse 3 müssen Sie mit mindestens 2.300 Euro rechnen. Noch teurer wird es in dieser Stufe etwa bei einer zweiflügeligen Tür, z.B. für einen Altbau. Die kostet das Doppelte.

Geht es um Sicherheit, müssen Sie mitunter entweder Ihre Ansprüche an Ästhetik reduzieren oder noch tiefer in die Tasche greifen, damit die

So wird geprüft

Für die Prüfung und Zertifizierung von Fenstern und Türen sind in Österreich das Holzforschungsinstitut sowie Austrian Standards (früher: Normungsinstitut) zuständig. Im Testlabor des Holzforschungsinstituts nahe Wien müssen alle Bauteile eine Reihe von Härtetests bestehen. Die statische Belastung wird an Verriegelungspunkten, Bändern und Füllungsecken überprüft. Bei der dynamischen Prüfung wird ein 50 Kilo schwerer Zwillingsreifen aus einem Abstand von 45 bis 75 Zentimetern gegen die Tür oder das Fenster geworfen, um die Widerstandfähigkeit gegen Durchwerfen oder Durchschlagen zu messen. Bei der manuellen Belastung setzt der Prüfer je nach Widerstandsklasse verschiedenes Werkzeug ein und versucht, die Tür in der vorgegebenen Zeit zu öffnen.

Das Testergebnis wird in einem Zertifikat festgehalten. Beim Kauf einbruchhemmender Bauelemente sollten Sie auf eine Prüfplakette mit der Aufschrift „ÖNORM B 5338 geprüft" achten. Eine Liste der geprüften Produkte finden Sie kostenlos im Internet: www.austrian-standards.at, Untermenü Produkte & Leistungen/Zertifizierung/Zertifikatsdatenbank – im Feld „Dokument" 5338 eingeben.

Mechanische Gebäudesicherung

Tür inklusive Türstock nicht nur einem potenziellen Einbrecher standhält, sondern auch ins architektonische Ambiente des Gebäudes passt.

Zargen

Umgangssprachlich Tür- oder Fensterstock genannt, ist die Zarge die wichtige Verbindung zwischen Wand und Türblatt. Auch hier ist zur Erhöhung der mechanischen Sicherheit ein Nachrüsten aufwendiger und teurer als der Einbau optimaler Sicherheitseinrichtungen im Neubau. Alte Zargen müssen beim Nachrüsten nicht unbedingt herausgerissen werden – es sind mittlerweile wirkungsvolle Lösungen erhältlich, bei denen der neue Türstock auf den alten aufgesetzt wird. Zargen gibt es in drei verschiedenen Bauarten:

- Eine Umfassungszarge besteht aus einem eingemauerten Futter und einer darauf montierten Verkleidung.
- Eine Blockzarge entspricht dem klassischen Fenster- oder Türstock.
- Eine Eckzarge wird nur an einer Seite der Maueröffnung montiert.

Entscheidend für die Widerstandsfähigkeit einer Zarge sind das Material, aus dem sie besteht, die Art der Verankerung im Mauerwerk sowie der Falz zwischen Blatt und Zarge und die Luft (Zwischenraum) zwischen den beiden.

Wie beim Türblatt bieten auch bei den Zargen die Standardmodelle wenig Schutz davor, dass die Tür aufgehebelt oder aus den Angeln gehoben wird. Das verhindern nur verstärkte, einbruchhemmende Zargen. Ein Schwachpunkt beim Aufhebeln ist das Schließblech, also die Abdeckung in der Zarge, in der die Schließvorrichtung (Schloss) einrastet und somit die Tür absperrt. Bei Zargen aus wenig widerstandsfähigen Materialien hilft auch ein verstärktes Blech oder ein Sicherheitsschließblech nichts, da es in einer dünnen Zarge aus weichem Material nicht fest genug verankert (verschraubt) werden kann.

Ideal sind Zargen aus Metall oder Massivholz, die gut verankert sind. Überdies gibt es auf dem Markt mittlerweile hochwertige Zargen aus Holzwerkstoffen. Sie alle verhindern im Normalfall nicht nur das Auf-

Tür- und Fensterstöcke sollten aus massivem Material und gut im Mauerwerk verankert sein

hebeln, sondern auch das Herausdrücken des Türblatts aus den Angeln mit einem Kuhfuß, der bereits erwähnten Brechstange mit gespaltener Spitze. Wichtig ist in jedem Fall, wie die Zarge mit dem umgebenden Mauerwerk verbunden ist. Absolut keine sichere Verankerung ist das beliebte Ausschäumen, bei dem Montageschaum zwischen Zarge und Mauer gespritzt wird und dieser verhärtete Kunststoff die einzige feste Verbindung zwischen Mauer und der meist mit Metall-Lamellen versehenen Zarge darstellt. Wichtig ist ein Ausfüllen des Spalts zwischen Zarge und Wand mit einem druckfesten Material exakt nach Vorgabe der Montageanleitung.

Zarge und Türblatt müssen ideal zusammenpassen. Das geschieht im sogenannten Falz, also dem Profil, welches das Türblatt an seinen Außenkanten und die Zarge spiegelgleich auf jener Seite hat, auf der das Blatt angeschlagen werden soll. Türblätter können stumpf angeschlagen werden, das heißt, Blatt und Zarge schließen auf einer Ebene ab. Bei überfälzten Türblättern ragt eine Ebene des Blattes über die Zarge hinaus, wobei es einen zweistufigen und dreistufigen Falz geben kann. Am sichersten ist der dreistufige Falz – aber auch nur dann, wenn zwischen Blatt und Zarge nicht mehr als als zwei bis drei Millimeter Luft ist bzw. nicht mehr als das bei der Prüfung freigegebene Maß. Jeder größere Zwischenraum bietet Platz genug für einen Schraubenzieher oder Kuhfuß, mit dem die Tür aufgehebelt werden könnte.

Türbänder

Türbänder sind die Scharniere, die Türen und Fensterflügel mit dem Rahmen, eben der Zarge, verbinden. Sie müssen beweglich sein, damit die Tür geöffnet werden kann. Und natürlich gilt auch hier: Türband ist nicht gleich Türband. Der optimale Einsatz von Bändern ist von verschiedenen Faktoren abhängig. Dazu gehören das Material von Zarge und Blatt, Größe und Gewicht des Türblatts, die Anordnung der Bänder, der Einsatzort (z.B. außen oder innen) und die Art der Montage.

Bei Bändern handelt es sich heutzutage um Bandscharniere, die aus mehreren Teilen bestehen. Oberer und unterer Teil sind an der Zarge angebracht, der mittlere Teil am Blatt. Alle drei Teile werden mit einem

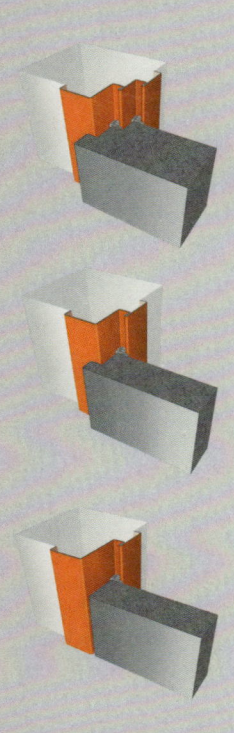

Ein dreistufiger (oben) oder zweistufiger Falz (Mitte) bietet einen besseren Schutz vor Aufhebeln als ein stumpf angeschlagenes Türblatt (unten) (Novoferm)

Mechanische Gebäudesicherung

Zarge

Türblatt

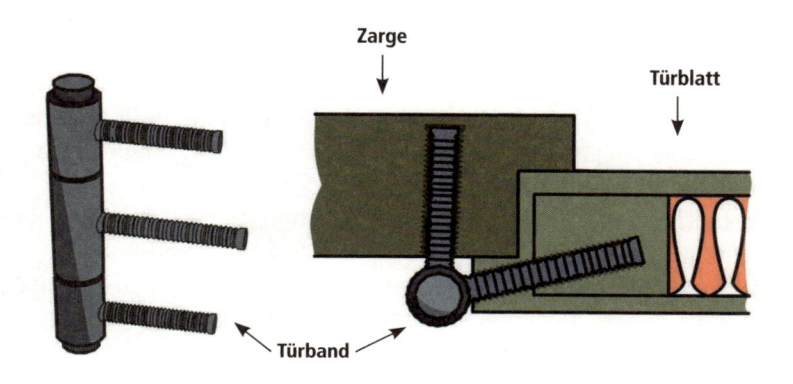

Türband

Wichtig bei Bandscharnieren ist eine feste Verschraubung mit Türblatt und Zarge

Bolzen verbunden. Diese Bänder schützen sicher vor dem Aushebeln der Tür, weil damit schon vom Band her der Weg nach oben versperrt ist.

Die zweite wichtige Unterscheidung ist die Art der Montage bzw. Befestigung, die auch vom Material abhängt. Denn Anschweißbänder kann es nur für Metallzargen und -türen geben, wobei entweder die Rolle des Scharniers selbst oder eine Platte angeschweißt wird, auf der sich die Rolle befindet. Bei Kunststoff- und vor allem bei Holzzargen und

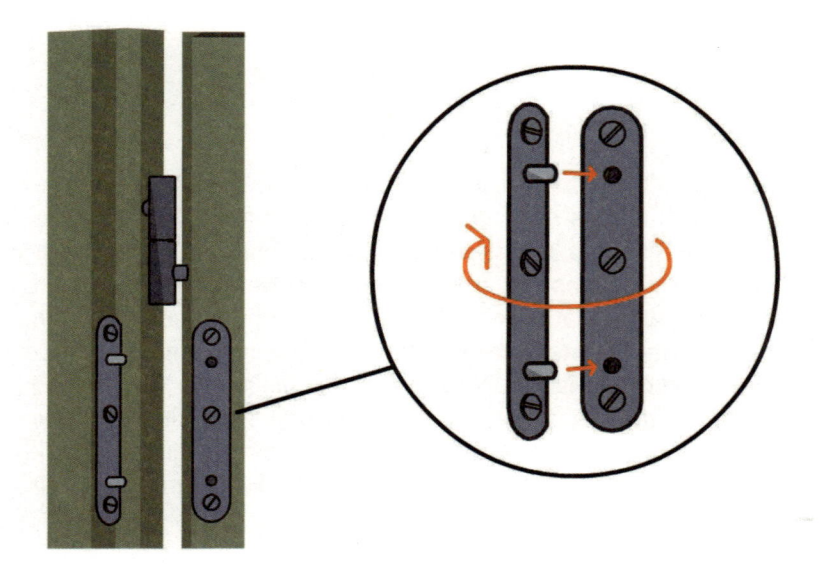

Eine Bandsicherung mit Hintergreifhaken verhindert das Aufhebeln einer Tür

-blättern können die Elemente des Bandes entweder direkt eingeschraubt (Einbohrbänder) oder aufgeschraubt (Aufschraubbänder) sein. Einbohrbänder eignen sich eher für Innentüren. Sie haben in der Regel keinen hohen Widerstandswert. Es gibt allerdings auch Spezialanfertigungen für Außentüren. Aufschraubbänder mit mehreren Verschraubungen sind wesentlich massiver und eignen sich für stumpf angeschlagene Türen (► Seite 42).

Bei Außentüren müssen sich die Bänder auf der Innenseite befinden! Für Profis mit der richtigen Ausrüstung ist es leicht, die Bänder abzuschlagen oder abzuschneiden, was mit einem Akku-Winkelschleifer im Nu getan ist. Müssen aus baulichen Gegebenheiten die Bänder allerdings außen sein, helfen speziell gesicherte Bänder und/oder Hintergreifhaken gegen diese Art des Eindringens. Auf der Bandseite befinden sich auf dem Türblatt Zapfen oder kleine Bolzen, die beim Schließen der Tür in die entsprechenden Ausnehmungen in der Zarge greifen. Dadurch ist die Tür nicht nur bei abgeschnittenen Bändern, sondern in jedem Fall vor einem Aufhebeln und anderen Einbruchversuchen geschützt.

Weniger sicher sind einzelne Hintergreifhaken, die man relativ einfach selbst in das Türband schrauben kann. Wesentlich mehr Sicherheit bieten mehrere Haken, die durch ein langes Blech miteinander verbunden sind und als Gesamtelement montiert werden.

Schlösser

Da das Schloss die entscheidende Verbindung zwischen Zarge und Türblatt ist, durch die man die Tür öffnen und versperren kann, bietet es natürlich den zentralen Angriffspunkt bei Einbrüchen oder Einbruchsversuchen. Die Schließtechnik ist inzwischen hoch entwickelt und es scheint eine Art Rüstungswettlauf zu geben zwischen noch sichereren Schlössern und den Sicherheitslücken, die gewiefte Einbrecher immer noch finden.

Abgesehen davon ist es allerdings bei den meisten in Verwendung befindlichen Schlössern auch für Gelegenheitstäter ziemlich einfach, sie zu knacken, wobei es natürlich für jede Bauart die geeignete Technik gibt. Hier ein Überblick über die verschiedenen am Markt befindlichen Modelle.

Einsteckschloss

Die in Türen aller Art (fast) ausschließlich verwendete Bauart ist das Einsteckschloss. Andere Varianten wie Kasten-, Riegel- oder Stangenschlösser werden meist nur als zusätzliche Sicherung verwendet.

Die Bezeichnung Einsteck- oder Einstemmschloss ist unabhängig vom eigentlichen Schließmechanismus, sie beschreibt nur die Art des Einbaus. Einsteckschlösser bestehen aus einem Schlosskasten, in dem sich die Mechanik für den Türdrücker und auch jene für das Schloss befindet. Das Einsteckschloss wird in die ausgesparte Öffnung des Türblattes eingelassen und ist von außen bis auf das Schlüsselloch nicht zu sehen. In der Regel hat es zwei Bauteile, die in das Schließblech an der Zarge einrasten und so die Tür schließen oder versperren:

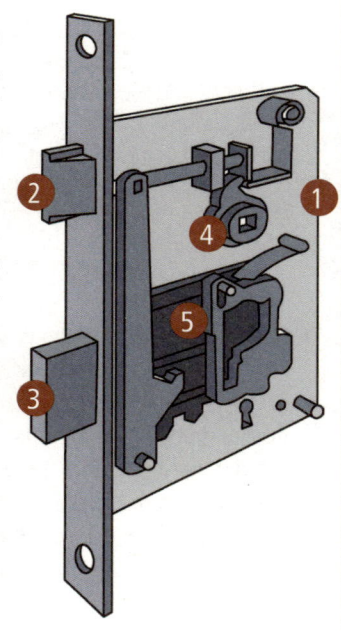

Das Einsteckschloss enthält die gesamte Mechanik und kann durch einen auswechselbaren Schließzylinder ergänzt werden.
1 Schlosskasten 2 Falle
3 Schubriegel 4 Drückernuss 5 Zuhaltungen

- die abgeschrägte Falle, die durch Türschnalle oder Drehknauf zurückgezogen und mittels einer Feder wieder in ihre Ausgangsstellung gebracht wird, und
- den Schubriegel, der durch die Umdrehungen des Schlüssels vor und zurück bewegt wird.

Natürlich ist auch die Wahl des Einsteckschlosses eine Entscheidung für mehr oder weniger Sicherheit. Wichtige Kriterien dafür sind:

- Der Schlosskasten muss vollständig abgeschlossen sein, damit man von außen nicht an den Schließmechanismus kommt.
- Er sollte durch sein Material oder durch Stahlauflagen so widerstandsfähig sein, dass er nicht aufgebohrt werden kann.
- Der Riegel sollte aus Metall (und nicht aus Kunststoff) bestehen und zweitourig zu betätigen sein (zwei Schlüsselumdrehungen).

Sicherer Einbau

Zusätzlich zur hohen Schutzklasse ist der Einbau ins Türblatt entscheidend für die Sicherheit. Bei Kauf einer Tür müssen Sie unbedingt darauf achten, ob das Blatt auch dick genug für das gewählte Schloss ist. Denn bleibt nur eine dünne Holzschicht auf beiden Seiten des Schlosskastens, kann dieser leicht aus dem Türblatt gebrochen werden – der Weg in die Wohnung ist somit frei. Eine weitere mögliche Schwachstelle ist die Verschraubung des Schlosses an seiner Stirnseite in das Material des Türblatts. Kurze Schrauben oder solche, die nur schlecht verankert werden können, erleichtern ebenfalls das Herausbrechen.

- Der Riegel muss nach zwei Umdrehungen mindestens zwei Zentimeter in das Schließblech ragen.

Schlösser können auch mehrere Riegel haben. Es gibt auch Schwenkriegel, die nicht aus dem Kasten herausgefahren, sondern herausgeklappt werden und noch tiefer in das Schließblech und somit in die Zarge ragen. Auch für Einsteck- oder Einstemmschlösser gibt es Qualitätskriterien, die in der ÖNORM B 5351 oder der EU-Norm EN 12209 für mehrere Kategorien festgelegt sind. Auch hier gilt: Je höher die Kategorie, desto sicherer das Schloss.

Schwenkriegel

Schließtechnik

Es gibt verschiedene Arten von Schlössern, die unterschiedlich sicher sind. Gemäß ihrer Zuverlässigkeit ergibt sich folgende aufsteigende Reihung:

- Buntbartschloss
- Tosisches Schloss
- Zylinderschloss
- Mechatronisches Schloss

Buntbartschloss

Sicherheitstechnisch betrachtet „haben diese Schlösser längst einen Bart". Man erkennt sie an den klassischen, alten Schlüsseln mit einem

Mechanische Gebäudesicherung

geschwungenen Bart, der keine Einkerbungen aufweist. Ihr Sicherheitseffekt ist gleich null, denn derartige Schlösser lassen sich einfach mit einem Dietrich oder Drahthaken öffnen. Buntbartschlösser sind daher absolut ungeeignet für Außentüren.

Tosisches Schloss (Zuhaltungsschloss)

Auch diese Technik erkennt man an den Schlüsseln, nämlich den Kreuzbartschlüsseln. Ihr Bart weist verschiedene Einkerbungen auf. Bessere Zuhaltungsschlösser haben einen Doppelbart. Im Schloss sind mehrere Zuhaltungen so angeordnet, dass sie verschieden hoch angehoben werden, damit der Schließzylinder freigegeben und dadurch der Sperrriegel verändert werden kann. Nur der Schlüssel mit den entsprechenden Auskerbungen in seinem Bart hebt die Sperren im Schloss auf und gibt den Auf- oder Abschließmechanismus frei.

Zuhaltungsschlösser weisen eine relativ hohe Sicherheit gegen unbefugtes Aufsperren etwa durch einen Dietrich auf und eignen sich dadurch auch für Außentüren. Auch hier steigert der technische Aufwand die Sicherheit: Je mehr Einkerbungen der Schlüssel hat, umso sicherer ist das Schloss. Am sichersten sind tosische Schlösser, die nur mit einem asymmetrischen Doppelbartschlüssel mit ausreichenden Einkerbungen geöffnet werden können.

Zwei Nachteile haben diese Schlösser allerdings: Sie brauchen ein relativ dickes Türblatt für einen sicheren Einbau und die Schlüssel sind groß, klobig und schwer. Das sind wahrscheinlich auch die Gründe, warum sich in den vergangenen Jahrzehnten der folgende Schlosstyp durchgesetzt hat.

Je mehr Einkerbungen der Schlüssel eines Zuhaltungsschlosses hat, desto sicherer ist das Schloss

Zylinderschloss

Seinen Namen hat es nach seiner Bauweise und seinem Aussehen. Der Schließzylinder besteht eben aus einem Zylinder, in dem eine komplizierte Technik dafür sorgt, dass sich der Kern dieses Zylinders nur mit dem dafür vorgesehenen Schlüssel bewegen und damit den Riegel aus- oder einfahren lässt. Von den drei verschiedenen Bauarten rund, oval oder Profilform hat sich im privaten Wohnbereich der Profilzylinder etabliert.

Achten Sie beim Einkauf von Zylinderschlössern darauf, dass diese nachweislich der ÖNORM B 5351 entsprechen!

Im Gegensatz zu Buntbart- oder tosischen Schlössern ist das Zylinderschloss kein Teil der im Schlossgehäuse befindlichen Schließmechanik, sondern wird in das Schloss eingesetzt und dort mit der sogenannten Stulpschraube (Abbildung ▶ Seite 49) verankert. Das und die schmalen und leichten Schlüssel sind die Vorteile des Zylinderschlosses. All das bietet andererseits auch Angriffspunkte für den Türknacker, wie wir sehen werden.

Der Schlüssel des Zylinderschlosses weist in der Regel ein Profil an der Längsseite auf, das schon vorgibt, welcher Schlüssel in welches Schloss passt. Entscheidend dafür, dass nur der dafür vorgesehene Schlüssel sperrt, sind die verschiedenen Einkerbungen an der Unterseite des Schlüssels. Sie müssen genau zu den Zäpfchen (richtigerweise: Stiftzuhaltungen) im Inneren passen.

Statt der Zuhaltestifte gibt es auch Kugeln im Zylinderkern, die diesen blockieren. Die dazugehörigen Schlüssel haben statt der Einkerbungen kleine kugelförmige Ausnehmungen (Bohrmulden) an den Seiten. Es gibt auch Schlösser, die beide Systeme kombinieren.

Worauf Sie auf jeden Fall achten sollten: Einfache Schlüssel für Zylinderschlösser sind nicht geschützt und können von jedem Schlüsseldienst um wenige Euro kopiert werden. Schlüssel für hochwertige Schlösser sind nicht so einfach nachzumachen. Für die Nachbestellung brauchen Sie einen Identitätsnachweis bzw. einen vom Hersteller gelieferten Nummerncode. Schließzylinder gibt es in verschiedenen Bauweisen:

Profildoppelzylinder. Sie sind am gebräuchlichsten und lassen sich von außen und innen sperren, aber immer nur jeweils von einer Seite. Ausnahme sind Doppelzylinder mit Not- oder Gefahrenfunktion, die auch auf- oder zugesperrt werden können, wenn auf der Gegenseite ebenfalls ein Schlüssel steckt. Diese Modelle sind sinnvoll bei alten oder pflegebedürftigen Menschen, da man im Notfall auch aufsperren kann, wenn der Schlüssel innen steckt.

Halbzylinder. Solche Schlösser bestehen nur aus einem Schließzylinder und dienen zum Versperren von Schranktüren, Schaltkästen (auch von

Schlüssel für Zylinderschlösser können unterschiedlichste Ausführungen haben

Mechanische Gebäudesicherung

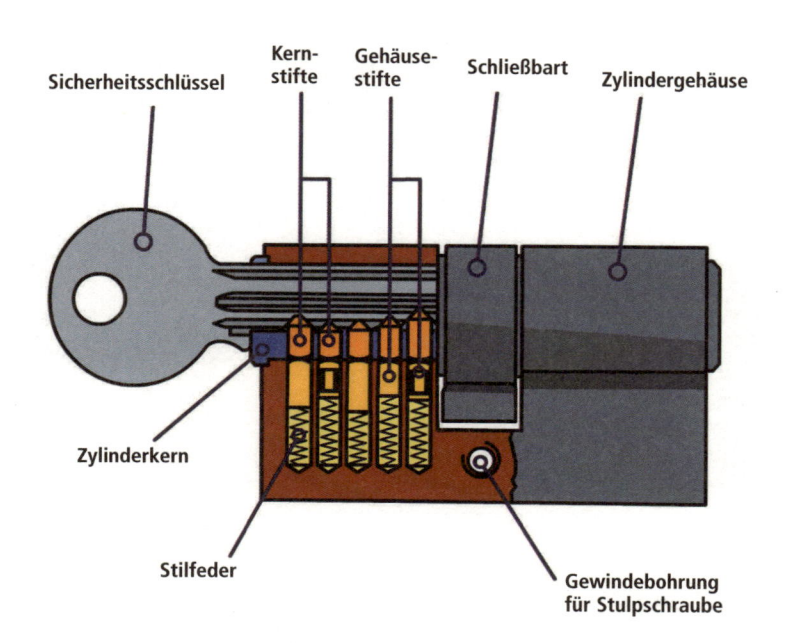

Labels auf der Abbildung:
- Sicherheitsschlüssel
- Kernstifte
- Gehäusestifte
- Schließbart
- Zylindergehäuse
- Zylinderkern
- Stilfeder
- Gewindebohrung für Stulpschraube

Der Kern des Zylinderschlosses lässt sich nur dann drehen, wenn der richtige Schlüssel alle Zuhaltungen (Kernstifte) aus dem Kern drückt

Alarmanlagen) oder Garagentoren, die von innen ohne Schlüssel geöffnet werden können, z.B. mit einem Drehknauf.

Motorbetriebene Zylinder. Sie können entweder über eine elektronische Steuereinheit (etwa einen Zeitschalter) betätigt oder in Verbindung mit einem Lesekopf (nach elektronischer Identifizierung und Freigabe) mittels Drehknauf geöffnet werden.

Batteriezylinder. Sie bilden eine Einheit von elektronischem Lesekopf und batteriebetriebener Steuereinheit. Die Sperrelektronik kann sich im Schlüssel befinden, z.B. in Form einer Magnetkarte. Es gibt auch Kombinationen von mechanischer und elektronischer Kodierung.

Um trotz dieser ausgefeilten Mechanik ein derartiges Schloss zu knacken, gibt es im Prinzip noch immer fünf Methoden: zwei intelligente und drei gewalttätige.

Das kennen Sie sicher aus Filmen: Der Bösewicht steckt Stifte in den Schlitz eines Zylinderschlosses, wackelt kurz herum und schon geht die

Pickingnadeln

Zylindermantel　　**Zylinderkern**

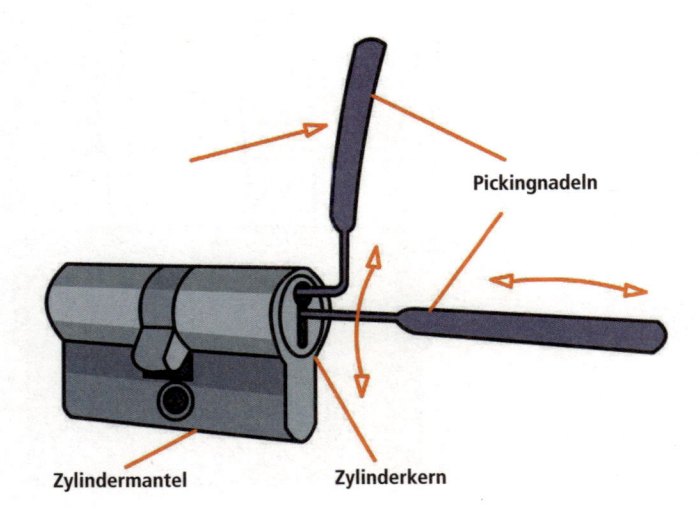

Mittels Picking lässt sich ein einfaches Zylinderschloss im Nu öffnen

Tür auf. Diese geheimnisvolle Technik gibt es tatsächlich. Sie wird Picking genannt. Dafür wird eine Nadel in den Schließkanal eingeführt und die Stifte werden mit leichten Vibrationen in die Trennlinie gebracht. Um zu verhindern, dass sie von der Feder wieder in die Ausgangsposition gedrückt werden, wird der Zylinderkern gedreht und axial verspannt. Sind alle Zuhaltestifte in der Trennlinie, kann die Tür problemlos geöffnet werden. Nach einem ähnlichen Prinzip arbeiten übrigens auch die Adapterschlüssel, die von Schlüsseldiensten verwendet werden.

Die zweite intelligente Art, ein Schloss zu knacken, ist auch eine hinterhältige und setzt ein wie immer geartetes Naheverhältnis zum Einbruchopfer voraus: Durch das Nachmachen einen Schlüssels kann man problemlos in Haus oder Wohnung eindringen, ohne eine Spur am Schloss zu hinterlassen. Dazu muss der Schlüssel entweder entwendet oder ein Abdruck davon gemacht werden, um die Kopie anfertigen zu lassen. Dagegen hilft eine Sicherheitskarte, die nur dem Eigentümer erlaubt, den damit verbundenen Schlüssel nachmachen zu lassen. Voraussetzung für diese Sicherheitsvariante ist natürlich, dass der Schlüssel nicht in die Hände von jemandem gelangt, für den auch das verbotene Nachmachen eines gesperrten Schlüssels kein Problem darstellt.

Mechanische Gebäudesicherung

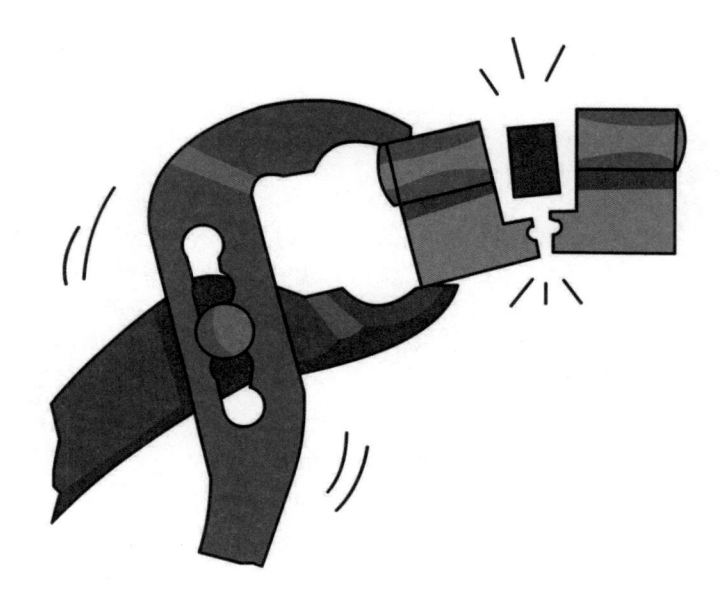

Durch die Bohrung für die Stulpschraube lässt sich ein ungeschützter Schließzylinder leicht abbrechen

Bei den weniger intelligenten, weil gewalttätigen Öffnungsversuchen geht es darum, den Schließzylinder oder den Zylinderkern zu entfernen. Eine Schwachstelle des Zylinderschlosses ist die Stulpschraube, und zwar deshalb, weil das Schloss an dieser Stelle durchbohrt wurde und daher eine Bruchstelle hat. Mit einer Zange kann der Zylinder ab- und dadurch herausgebrochen werden. Bei den anderen gewalttätigen Methoden ist die Zerstörung der Mechanik das Ziel. Das kann entweder durch das Aufbohren des Zylinderkerns geschehen oder durch das sogenannte Kernziehen, bei dem der Zylinderkern mit einem geeigneten Werkzeug wie ein Korken aus der Flasche gezogen wird.

Natürlich hat sich die Technik weiterentwickelt, um jedem dieser Versuche Paroli zu bieten. Gegen das Picking hilft eine komplexere Technik im Inneren, etwa eine zweite Sicherungsebene (der Schlüssel hat einen zweiten Bart), die auch das Aufsperren mit einem Adapterschlüssel verhindert. Gegen das Ab- oder Herausbrechen des Schließzylinders gibt es einen einbruchsicheren Schutzbeschlag (= Türschild), aus dem der Zylinder nicht mehr als drei Millimeter herausragt, sodass keine Zange angesetzt werden kann. Der Schild kann auch den Ziehschutz übernehmen. Zylinderschlösser mit höheren Sicherheitsstufen verfügen bereits über einen eigenen Ziehschutz und sind durch eine Hartmetall-Legierung gegen ein Aufbohren gesichert. Das Aufbohren verunmöglicht auch ein kleiner drehbarer Bauteil vor dem Zylinder, der sich beim Ansetzen einer Bohrmaschine mitdreht.

Das Herausbrechen eines Zylinders verhindert ein geschmiedeter Steg aus Chromnickelstahl, der die beiden Zylinder untrennbar miteinander verbindet. Auch gegen das Aufbohren können Schließzylinder gesichert werden. Der Aufbohrschutz befindet sich in den Zuhaltungen, im Zylinderkörper oder im Schutzbeschlag und bewirkt, dass der Bohrer zerstört wird, bevor er sein Ziel erreicht.

Mechatronisches Schloss

Dieses Schloss verbindet mechanische und elektronische Elemente. Die Kontrolle erfolgt sowohl über eine Magnetisierung am Schlüssel selbst als auch durch ein Profilsystem am Schlüsselrücken. Da die Codes programmiert werden können, hat dieses System außerdem noch den Vorteil, dass bei Verlust eines Schlüssels im Gegensatz zu herkömmlichen Schlössern nicht das Schloss ausgetauscht werden muss (oder bei einem System, bei dem ein Schlüssel verschiedene Schlösser sperrt: alle Schlösser). Beim elektronisch codierten Schloss kann ein anderer Zugangscode einprogrammiert und der in Verlust geratene Schlüssel gesperrt werden.

Elektronisch kodierte Schließzylinder versprechen derzeit den höchsten Stand an Sicherheit vor allem gegen ein beliebtes Mittel, verbotene Türen zu öffnen: durch das Nachmachen eines vielleicht sogar unbemerkt entwendeten Schlüssels. Bei elektronischen Systemen ist entweder im Schlüssel ein Computerchip mit dem entsprechenden Sperrcode

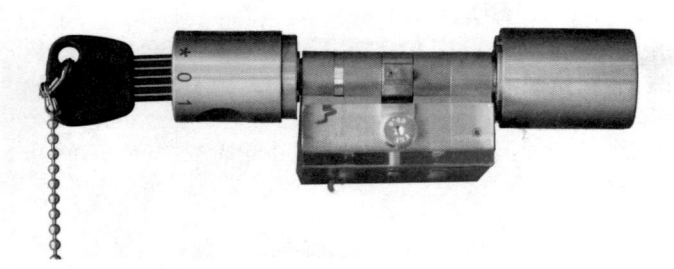

Mechatronisches Schloss

Mechanische Gebäudesicherung

eingebaut oder man verwendet einen anderen Code (Ziffern, Buchstaben, auch Fingerprint), den alle kennen müssen (und nicht vergessen dürfen), die zu dem jeweiligen Gebäude Zugang zu haben.

Die Auswertelektronik im Schloss gibt das Sperrelement erst dann frei, wenn es das richtige Signal erhält. Nach mehreren Falscheingaben sperrt das System den Schlüssel für die vorher eingegebene Zeit. Selbstverständlich müssen auch solche Schlösser vor fremdem Zugriff geschützt werden. Die „sensiblen" Teile befinden sich auf der Innenseite der Tür und werden von außen durch eine Panzerplatte aus gehärtetem Stahl geschützt. Die Batterie im Inneren des Schlosses hat eine Lebensdauer von etwa zehn Jahren und warnt selbsttätig, wenn ihr der Strom auszugehen droht.

Die Kombination aus Mechanik und Elektronik bietet einen besonders hohen Sicherheitsstandard

Bei elektronischen Systemen kann man ganz auf einen Schlüssel verzichten und das mit einem Motor betriebene Schloss durch die Eingabe eines Buchstaben- oder Zifferncodes auf- oder zusperren. Ebenso kann der Schlüssel durch eine Chipkarte ersetzt werden, die von einem Gerät an der Außenseite des Hauses oder der Haustür gelesen wird. Alle diese durch Computertechnik ermöglichten Schloss-Systeme können außerdem aufzeichnen, wann die Tür mit welchem Zugangscode geöffnet wurde – was im Fall eines Einbruchs wertvolle Hinweise liefern kann.

Die Elektronik hat natürlich auch ihre Tücken. So ist zu hoffen, dass kein Softwarefehler die Hausbewohner aussperrt. Problematisch ist auch das Verwenden des Fingerabdruckes als Code für die Schließelektronik. Denn es genügt schon ein leichter Schnitt in der Fingerkuppe, und schon lässt einen das Haustor nicht ins eigene Haus.

Türbeschläge

Eine wichtige Komponente zum Erhöhen der Sicherheit des gesamten Türsystems bilden die Türschilde oder Türbeschläge. Sie sind die Abdeckung im Bereich des Schlosses, wo sich die Öffnungen für die Klinke und das Schlüsselloch oder der Schließzylinder befinden. Herkömmliche Türbeschläge sind mit zwei kurzen Schrauben oben und unten befestigt und dienen dem ästhetischen Erscheinungsbild einer Tür, nicht aber deren Sicherheit.

Für Außentüren brauchen Sie unbedingt Schutzbeschläge, die mehrere Eigenschaften aufweisen:

- Sie sollen länger sein als übliche Türschilde und mit drei Schrauben befestigt werden. Sie werden von innen verschraubt, damit Einbrecher sie nicht abmontieren können.
- Sie sollen möglichst massiv sein, am besten aus Stahl, da die Tür im Bereich des Einsteckschlosses besonders bruchempfindlich ist und ein Schutzbeschlag für mehr Stabilität sorgen kann.
- Sie sollen den Schließzylinder nicht mehr als drei Millimeter herausragen lassen, um ihn gegen ein Herausbrechen zu sichern. Ist das nicht möglich, hilft der Einbau einer Rosette, die von innen verschraubt sein muss und ebenfalls über einen Ziehschutz verfügt, der vom Profilzylinder nur den Schlitz für den Schlüssel freilässt.
- Ein Bohrschutz oberhalb des Schließzylinders soll verhindern, dass das Schloss durch Türbeschlag und Einsteckschloss durchbohrt und der Riegel durch die so geschaffene Öffnung betätigt werden kann.

Sicherheitsbeschlag

Schließbleche

Die Bedeutung der Schließbleche für den Einbruchschutz einer Tür wird nur zu gern übersehen. Dabei halten diese unscheinbaren Bleche in der Zarge sowohl die Falle als auch den Riegel des Türblattes im Rahmen fest und sollen verhindern, dass beide mit Gewalt aus der Zarge gerissen werden können. Wenn Sie schon in die Sicherheit investieren und sich z.B. ein hochwertiges Schloss einbauen lassen, dann sollten Sie nicht übersehen, dass es wenig hilft, wenn nicht auch das Schließblech entsprechend aufgerüstet wird.

Daraus folgt, dass die üblichen dünnen Schließbleche, mit zwei kurzen Schrauben im Holz der Zarge montiert, im Sinne erhöhter mechanischer Sicherheit der Vergangenheit angehören. Ein Schließblech aus Stahl muss mindestens drei Millimeter stark und 500 Millimeter lang sein und mit

Mechanische Gebäudesicherung

mindestens acht bis zehn Schrauben befestigt werden. Auch hier gibt es Details, die die Sicherheit erhöhen: Die Schraubenlöcher sollten nicht in einer Reihe angeordnet sein, da sie dadurch das Holz spalten können. Am besten sind Schließbleche mit Mauerankern, die durch die Zarge hindurch 100 Millimeter ins Mauerwerk ragen. Ideal ist, wenn diese Maueranker nicht gerade, sondern im Winkel von 45 Grad in die Mauer gedübelt werden.

Besonders sicher sind Schließbleche, wenn sie in einem Winkel von 45 Grad eingedübelt werden

Zusätzliche Schlösser

Nicht alle Außen- oder Eingangstüren lassen sich wie beschrieben nachrüsten. Oft sind es bauliche Gründe, die dagegensprechen, manchmal ästhetische. Besonders bei Wohnungstüren von Altbauten treffen beide Gründe zusammen. Bei klassischen Doppelflügeltüren aus Holz, bei denen oft auch große Glasscheiben für mehr Licht im Vorraum sorgen sollen, bedarf es genauer Überlegung, durch welche Maßnahmen die Sicherheit erhöht werden kann – und oft auch einer Genehmigung der Hausverwaltung.

Kastenschloss

Ein Kastenschloss wird innen auf der Schloss-Seite montiert, das Gegenstück (der Schließkasten) auf der Zarge. Es kann entweder fix versperrt werden, indem der Riegel in den Bügel auf der Tür geschoben wird, oder flexibel durch einen Bügel oder eine Kette. Das bringt zwei Vorteile: Zum einen bietet das Kastenschloss einen weiteren Widerstand, den ein Eindringling überwinden muss; zum anderen kann man die Tür einen Spalt öffnen und schauen, wer Einlass begehrt, bevor man ganz öffnet.

Balkenschloss

Diese Art von Schloss, das auch Querriegel-, Stangenriegel oder Panzerriegelschloss genannt wird, ist nicht besonders schön, dafür aber besonders wirkungsvoll und relativ preisgünstig. Es besteht aus einem Querbalken, der unterhalb des bestehenden Schlosses über die gesamte Breite der Tür reicht und dort in fest mit dem Mauerwerk verbundene Schließkästen greift. Das ist auch ein wesentliches Sicherheitskriterium: Sind diese Schließkästen nicht fest eingedübelt oder eingemauert und können daher leicht aus der Wand gebrochen werden, hilft auch das Balkenschloss nichts.

Entscheiden Sie sich für dieses System, so muss der Riegel im unteren Drittel der Tür montiert werden, weil Einbrecher meist hier versuchen, die Tür mit einem kräftigen Schraubenzieher oder einem Brecheisen aufzuhebeln. Mit diesem Schloss ist automatisch auch die Bandseite der Tür abgesichert. Die meisten Querriegelschlösser verfügen über einen eigenen Schließzylinder, bei dem Sie auf die schon erwähnten Sicherheitskriterien achten müssen. Wollen Sie sich einen zweiten Wohnungs- oder Haustorschlüssel ersparen, kann das Balkenschloss auch mit dem identen Schließzylinder der Tür versperrt werden.

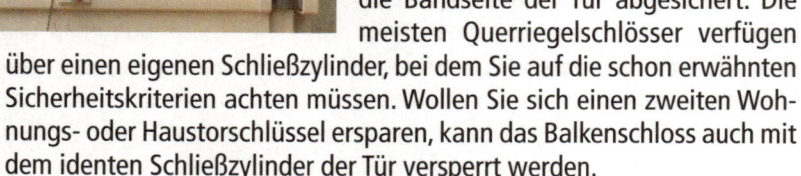

Balkenschlösser gibt es in unterschiedlichen Ausführungen

Stangenschloss

Balkenschlösser haben auch einen Nachteil: Da der Querriegel fix am Türblatt montiert ist und der Balken über die gesamte Türbreite reicht, eignen sie sich nur für einflügelige Türen. Es werden zwar auch Systeme für Flügeltüren, wie sie in Altbauten üblich sind, angeboten, aber das ist nur eine halbe Sache. Auf jeden Fall ist es erforderlich, die beiden Sperrriegel oben und unten am Stehflügel der Tür (das ist jene Hälfte, die im Normalfall geschlossen bleibt) gegen ein Öffnen von außen zu sichern: entweder mit einer innen angebrachten Schraube oder mit einem Vorhangschloss.

Mechanische Gebäudesicherung

Sonderfall Doppelflügeltür

Stangenschlösser können die Sicherheit von Doppeltüren wesentlich erhöhen. Sie werden vertikal dort in das Türblatt eingebaut, wo sich üblicherweise das Schloss befindet (siehe Illustration auf ▶ Seite 35). Das Stangenschloss reicht über die gesamte Höhe des Türblattes und verschließt es mindestens dreifach, nämlich dort, wo das eigentliche Schloss ist, sowie am oberen und unteren Ende der Tür. Stangenschlösser bestehen daher aus einem Hauptschloss und zwei Nebenschlössern, die über einen Langstulp, der fast so hoch wie das Türblatt ist, miteinander verbunden sind. Möglich ist auch, dass der untere Riegel nicht in die Zarge greift, sondern in ein Schließblech, das im Boden montiert ist.

Eine weitere Ausbaustufe des Stangenschlosses ist das H-Schloss. Es verfügt auch auf der Bandseite über einen entsprechenden Mechanismus und verriegelt auch diese an zwei bis drei Punkten. Bei einem H-Schloss erfolgen also bei einer Schlüsselumdrehung bis zu sechs Verriegelungen.

Ein Angriffspunkt bei Doppeltüren ist ihre Bauweise in Kassettenform. So lässt sich ein Teil der Tür herausbrechen oder eintreten, sodass eine Öffnung entsteht, durch die ein Einbrecher schlüpfen kann. Das lässt sich nachträglich durch Metallplatten verhindern, die über die komplette Innenseite der Türflügel montiert werden. Eine etwas weniger aufwendige Lösung sind Bandsicherungen an der Innenseite der Türen: Diese eisernen Querverstrebungen verhindern das Durchbrechen zwar nicht völlig, aber sie erhöhen den Kraft- und Zeitaufwand beträchtlich. Die meisten Einbrecher werden in dieser Situation aufgeben.

Die Sicherung von Doppelflügeltüren ist allerdings eine kostspielige Angelegenheit. Für Widerstandsklasse 3 muss man mit 5.000 bis 7.000 Euro rechnen. Eine andere Variante ist der Einbau eines gangseitigen Scherengitters vor der Tür – in Wiener Häusern mitunter bei Arztordinationen oder Hintereingängen zu Geschäftslokalen zu sehen. Sie wirken zwar sehr abschreckend für Einbrecher, sind aber kein schöner Anblick.

Beispiele für die nachträgliche Sicherung von Doppelflügeltüren in Kassettenbauweise: innen montierte Metallplatten (linker Flügel) oder Bandsicherung (rechter Flügel)

Tipp

Die deutsche Stiftung Warentest hat 2016 verschiedene Türsicherungssysteme getestet. Von vier Querriegelschlössern erwiesen sich drei Modelle als gut bzw. sehr gut (Abus, Econ, Ikon), eines war nicht zufriedenstellend (Basi). Von den drei Vertikalstangenstangenschlössern erhielt nur das Modell von Econ ein „gut". Niederschmetternd das Ergebnis bei den Kastenzusatzschlössern: Alle vier Testkandidaten erwiesen sich in Sachen Einbruchshemmung als völlig ungeeignet. Mehr Infos und eine Tabelle zu dem Test finden Sie im KONSUMENT-Heft 3/2016.

Schlösser für Fenstertüren

Was in Mehrfamilienhäuser die Wohnungstür, ist in Einfamilienhäusern auch die Fenstertür, die auf Terrasse und Balkon führt – der beliebteste Weg von Einbrechern, um ins Innere eines Hauses zu gelangen. Die eigentliche Schwachstelle bei dieser Art von Türen ist meist die Schließtechnik, seltener die Verglasung. Herkömmliche Fenstertüren gibt es als Schiebe- oder als Hebetüren. Vor allem bei den Hebetüren bilden, ähnlich wie bei Kippfenstern, Mechanik und Beschläge einen wesentlichen Angriffspunkt. Sie bestehen meist aus Roll- oder Stiftzapfen, die beim Drehen des Fenster- oder Türgriffs hinter ein Widerlager geschoben werden. Dadurch wird die Fenstertür gegen den Rahmen gepresst und schützt damit vor Regen, Wind und Wetter – nicht aber vor Einbrechern. Selbst ein ungeübter Täter hat so eine Tür bzw. ein solches Fenster in 20 Sekunden geknackt, indem er einen Schraubenzieher am Rahmen ansetzt und die Roll- oder Stiftzapfen einfach aus dem Widerlager bricht.

In 20 Sekunden ist eine Terrassentür geknackt

Meist beginnt er mit dem untersten Widerlager und arbeitet sich nach oben vor, weil sich nach dem Aufbrechen des ersten Widerlagers der Spalt zwischen Fenstertür und Rahmen vergrößert und dadurch auch die Hebelwirkung mittels Schraubenzieher. Schutz vor dieser Aufbruchtechnik bietet der Austausch der Roll- oder Stiftzapfenbeschläge gegen Pilzbeschläge. Bei diesen sind die Zapfen in Form eines T ausgebildet, wobei der Querbalken des T im geschlossenen Zustand in den Beschlag einrastet und nicht mehr so einfach herausgebrochen werden kann. Diese Verbesserung der Sicherheit gilt auch für alle Kippfenster, die mit

Mechanische Gebäudesicherung

ähnlicher Mechanik ausgestattet sind. Ein weiterer Schwachpunkt bei Hebetüren ist der Hebebügel selbst, mit dem sich die Tür aus ihrer Verankerung heben und dadurch öffnen lässt. Er kann mit einem Zusatzschloss gesichert werden, das den Hebebügel blockiert. Diese Handhebelsicherung ist versperrbar und muss so ausgeführt sein, dass sie nicht auf die Seite gedrückt werden kann.

Eine zusätzliche Möglichkeit zum Absichern von Balkon- oder Terrassentüren ist der nachträgliche Einbau von Zusatzschlössern, die auf Tür und Türrahmen montiert werden und ebenfalls versperrbar sind. Bei Hebetüren können sie vertikal angebracht werden und dadurch das Heben der Tür aus der Bodenverankerung verhindern. Bei Hebeschiebtüren verhindern sie am oberen horizontalen Rand das ungewollte Aufschieben der Tür.

Ähnlich wie für Eingangstüren gibt es auch für diese Türen Stangenkonstruktionen, die vertikal über die gesamte Höhe der Tür reichen (bis 3 Meter). Sie lassen sich nachträglich einbauen und haben sich als sehr wirkungsvoll erwiesen.

Natürlich helfen alle diese Zusatzmaßnahmen nichts, wenn mit einem Schlag das Glas der Tür zertrümmert ist (über Möglichkeiten, Glas zu verstärken, erfahren Sie auf den nächsten Seiten mehr). Die Glasflächen selbst lassen sich durch den Einbau eines Gitters schützen. Details zu den Sicherheitsanforderungen an Gitter finden Sie unter „Sicheres Glas" auf ► Seite 62).

Fenster

Auch Fenster sind eine beliebte Einstiegsmöglichkeit, denn sie haben aus der Sicht eines Einbrechers mehrere Vorteile:

- Sie werden sicherheitstechnisch oft vernachlässigt und sind einfach zu knacken.
- Sie bieten Zugang an schwer einsehbaren Stellen des Gebäudes, etwa an der Rückseite. Vor allem durch Kellerfenster kann man leicht einsteigen.

Das Glas wird nur selten eingeschlagen

Was sich in den meisten Fällen anbietet, wird in der Praxis nicht so oft angewendet: das Einschlagen einer Fensterscheibe, um so das Fenster entriegeln und anschließend einsteigen zu können. Denn erstens verursacht es einen ziemlichen Lärm (außer, der Täter hat eine Aufklebefolie dabei), zweitens steigt dadurch die Verletzungsgefahr beim Einsteigen und beim Abtransportieren des Diebesguts. Das soll aber keine Entwarnung sein. Natürlich muss auch die Scheibe dem Sicherheitsstandard des übrigen Fensters entsprechen. Für einbruchhemmende Fenster gilt übrigens die ÖNORM 5339 bzw. DIN EN1627. Wie bei den Türen erfolgt die Einteilung in sechs Widerstandsklassen. Die Kriminalpolizei empfiehlt, für den Wohnbereich mindestens Widerstandsklasse 2 zu wählen. Damit ist man gegen Durchwurf (z.B. mit einem Stein) geschützt. WK 3 hält auch der Bearbeitung mit Werkzeug (Hammer, Axt) stand.

Es sind hauptsächlich die verschiedenen Formen des Aushebelns, die den Weg zur erhofften Beute frei machen, und sie funktionieren im Prinzip genau so, wie wir es schon bei den Fenstertüren beschrieben haben. Eine weitere Variante ist das Aufbohren: Durch ein Loch im Rahmen im Bereich des Griffes wird mit einem stabilen Draht eben dieser betätigt und dadurch das Fenster geöffnet.

Einbruchshilfe gekipptes Fenster

„Ein gekipptes Fenster ist ein offenes Fenster", heißt es unter Profis. Mit einem speziellen Werkzeug können gekippte Fenster innerhalb von 30 Sekunden geöffnet werden, ohne Spuren am Fensterrahmen zu hinterlassen. Das trifft natürlich auch auf alle Varianten von Fenstertüren zu. Allerdings bietet die Sicherheitstechnik auch hier Abhilfe: Es sind mittlerweile spezielle Vorrichtungen erhältlich, die zwischen Fensterflügel und Zarge angebracht werden und einen Kippschutz bilden.

Mechanische Gebäudesicherung

Drei Sicherungen für Fenster: Kippschutz (links), sperrbare Griffe (unten), Fensterstangenschloss (ganz unten)

Eine sichere Angelegenheit sind auf jeden Fall versperrbare Fenstergriffe. Sie sind einfach zu bedienen, wenn sich das Fenster durch Knopfdruck verriegeln, aber nur mehr mittels Schlüssel öffnen lässt. Sinnvoll ist es, solche versperrbaren Fenstergriffe in einem kompletten System anzuschaffen, bei dem es pro Raum oder überhaupt für alle Fenster des Haushalts nur einen Schlüssel gibt. Ebenso können an Fenster und Fensterrahmen versperrbare Zusatzschlösser montiert werden, die das Aufhebeln auf der Seite der Fenstergriffe unmöglich machen. Diese Zusatzschlösser lassen sich auch mit dem Fensterriegel kombinieren, sodass bei einem Schließvorgang der Fensterriegel und das Zusatzschloss versperrt werden.

Versperrbare Fensterschlösser lassen sich auch mit einer Alarmanlage verbinden, die bei jedem Versuch des Öffnens von außen ausgelöst wird.

Auch für Fenster gibt es elektronische Sicherungen, etwa durch Zahlencodes. Bedenken Sie aber, dass Sie sich dann fürs Öffnen der Fenster ebenfalls eine Zahlenfolge merken müsse.

Schreckt es einen Einbrecher nicht ab, dass er das Fenster auf der Verschluss-Seite nicht aufhebeln kann, kennt er möglicherweise die zweite Schwachstelle der herkömmlichen Dreh-Kippfenster: die Scharniere. Sie müssen ja in zwei Richtungen flexibel sein. Gegen ein Aufhebeln helfen Bandsicherungen. Ebenso können Fensterstangenschlösser eingebaut werden, bei denen das Fenster über den Griff mittels einer Stange gesichert wird, die über den gesamten Fensterflügel reicht und in Schließkästen am Rahmen oder an der Wand greift.

Fensterläden, Rollläden

Klassische Jalousien wurden ursprünglich meist zum Schutz vor Licht und Lärm vor die Fenster gebaut. Sie können aber durchaus auch der Erhöhung der Sicherheit dienen – allerdings nicht in der üblichen Ausführung in Kunststoff und ohne massive Führungsschienen. Solche einfachen Konstruktionen lassen sich nämlich leicht hochschieben oder überhaupt aus der Führung reißen.

Schutz bieten Rollläden aus Leichtmetall, Stahl und Holz. Die Rollädenstäbe müssen über die ganze Breite miteinander verbunden und so massiv sein, dass sie nicht aus den Führungsschienen gerissen werden können. Die Schienen selbst brauchen eine feste Verankerung in der Mauer. Gegen das Hochschieben gibt es Sperren im oberen Drittel, auch für den nachträglichen Einbau. Die Befestigungsstellen der Sperren dürfen von außen nicht erkennbar sein. Ebenfalls wichtig ist, dass sich die Rollädenkästen im Inneren und nicht auf der Außenseite des Fensters befinden.

Auch Fensterläden können dazu dienen, Fenster abzusichern. Wobei die alten Holzläden der Bauernhäuser mit dem einfachen Metallriegel zwar schön sind, aber wenig zur Sicherheit beitragen. Einbruchhemmende Fensterläden sind aus Stahl oder verstärkten Aluminiumrippen und sie müssen über Schließsysteme verfügen, die von außen schwer anzugreifen sind, etwa in Form eines Schwenkriegelschlosses oder eines Stangenverschlusses. Gegen das Abschrauben oder Aushängen bestehender Fensterläden, die sich nicht nach den neuesten Sicherheitsanforderungen nachrüsten lassen, kann ein Winkeleisen oben an der Innenseite jedes Fensterflügels helfen.

Sicheres Glas

Auch wenn Einbrecher es in der Regel vermeiden, zunächst das Glas einzuschlagen, um durch Fenster oder Balkontüren einzusteigen, ist die Außenhaut eines Gebäudes nur so sicher wie seine Glasflächen widerstandsfähig sind. Einen einfachen, massiven, aber nicht immer besonders attraktiven Schutz bilden in jedem Fall Fenstergitter, die über das gesamte

Mechanische Gebäudesicherung

Fenster montiert werden. Das ist zwar sinnvoll bei Fenstern, die häufig gekippt werden, macht aber den freien Blick nach draußen oder das beliebte Aus-dem-Fenster-Lehnen unmöglich.

Wenn Sie sich trotzdem dafür entscheiden – der Kriminalpolizeiliche Beratungsdienst empfiehlt folgende Mindeststandards für Fenstergitter:

- Materialstärke mindestens 20 Millimeter
- kreuzweise verschweißte Stäbe
- Abstand von maximal 120 mm, und mindestens 80 mm im Mauerwerk verankert (Quelle: Bundeskriminalamt)

In jedem Fall sollten Kellerfenster mit massiven Gittern gesichert werden.

Folien

Auch Glas lässt sich verstärken, will man nicht gleich die Fenster austauschen. Die einfachste Methode ist das Aufkleben von Spezialfolien auf die zu sichernde Scheibe, natürlich auf der Innenseite. Wichtig ist dabei die fachgerechte Montage. Statt der Verankerung mit Fensterkitt wird die Scheibe mit einer verschraubbaren Glashalteleiste befestigt. So erreicht man eine hohe Sicherheit gegen Durchwurf und kurze Zeit gegen Durchbruch. Und das zu einem relativ günstigen Preis – ab 50 Euro pro Fenster ist man dabei.

Spezialfolien sichern Fensterscheiben wirkungsvoll gegen Durchwurf und Durchbruch

Zusatzscheiben

Wollen Sie mehr für die Sicherheit schon eingebauter Fenster tun, können Sie zusätzlich zur Glasscheibe eine Sicherheitsscheibe aus Polycarbonat an der Innenseite des Fensters montieren. Dafür ist ein Zusatzrahmen notwendig, in den die Polycarbonatscheibe eingesetzt und der dann auf den Rahmen des Fensterflügels geschraubt wird. Wird diese Aufrüstung mit dem Einbau einer Alarmanlage verbunden, können hier auch Sensoren oder Glasbruchmelder angebracht werden.

Eine andere ebenfalls sehr wirkungsvolle Sicherungsmöglichkeit ist eine Vorsatzscheibe. Dieses „Fenster vor dem Fenster" besteht ebenfalls aus einbruchhemmendem Glas und wird gerne im Geschäftsbereich eingesetzt. Obwohl Vorsatzscheiben relativ dünn sind, bieten sie einen sehr hohen Schutz.

Einbruchhemmende Fensterscheiben der Kategorie B haben nur Sinn in Verbindung mit Fenstern, die ebenfalls hohen Sicherheitsstandards entsprechen und Verriegelungen aufweisen. Diese Verbundfenster bestehen aus zwei oder mehreren Schichten Glas, zwischen denen sich entweder eine durchwurfhemmende Folie befindet oder eine durchbruchsichere Scheibe aus PVC (Polyvinylchlorid) bzw. Polycarbonat. Diese Verbundscheiben werden oft auch zum Lärmschutz eingesetzt. Durch ihre Widerstandskraft erhöhen sie erheblich den mechanischen Zeitwert, was in Verbindung mit einer Alarmanlage dem Sicherheitsdienst oder der Polizei eine größere Chance gibt, am Tatort einzutreffen, während die Täter noch vor Ort sind.

Lichtkuppeln & Co

Türen und Fenster sind nicht die einzigen Möglichkeiten für beutehungrige Eindringlinge. Da gibt es z.B. fensterähnliche Elemente eines Gebäudes, etwa eine Außenfront, die mittels Glasbausteinen Licht in einen bestimmten Bereich lässt. Natürlich ist auch dieser Bereich gefährdet, wenn er nicht entsprechend gesichert ist. Nachträglich aufgeklebte Splitterschutzfolien haben so gut wie keinen Sicherheitswert, denn sie machen nur das, was ihre Bezeichnung schon sagt: Sie verhindern beim Durchschlagen des Glases das Herumfliegen von Splittern. Eine ähnliche Wirkung wie bei Fensterscheiben haben die erwähnten Polycarbonatfolien. Sie erreichen Widerstandsklasse A 1 und verzögern somit die Zeit des Durchbruchs.

Sicherheitsrisiko Glasbausteine

Planen Sie den Einsatz dieses architektonischen Elements, sollten Sie gleich alle Sicherheitsstandards mitdenken; etwa die Verwendung von Glasbausteinen in einbruchhemmender Ausführung. Sie erhöhen die Sicherheit allerdings nur dann, wenn sie gut im Mauerwerk verankert sind. Außerdem müssen die Fugen armiert (mit Stahl verstärkt) werden

Mechanische Gebäudesicherung

und die Armierung muss an ihren Kreuzungspunkten verschweißt werden. Auch mit einem Flachdach ist man gegen einen Einbruch nicht gefeit. Lichtkuppeln sind meist aus Plexiglas und bieten wenig Schutz. Zum einen, weil Plexiglas nicht sehr widerstandsfähig und daher leicht zu knacken ist. Zum anderen, weil Lichtkuppeln meist nur verschraubt sind und daher mühelos abgebaut werden können, wenn sich die Schrauben außen befinden. In beiden Fällen hilft die Montage einer Sicherheitsfolie sowie eines Schutzgitters gegen unerwünschte Gäste von oben.

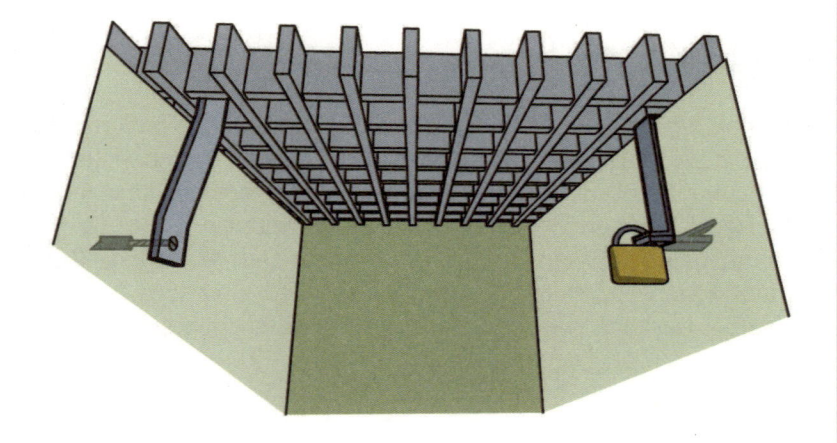

Gitter können zum Schutz vor Eindringlingen entweder fest verschraubt oder durch ein Vorhängeschloss abgesichert werden.

Ungebetene Besucher kommen auch gern von unten, etwa durch Lichtschächte und Kellerfenster, die oft in den Boden eingelassen oder auf Erdniveau sind. Auch hier hilft nur ein massives Gitter. Bei Kellerlichtschächten empfiehlt der Kriminalpolizeiliche Beratungsdienst engmaschige, stabile und massiv ausgeführte Gitterroste, die von oben gegen ein Abheben gesichert sind. Das kann durch eine Verschraubung von innen geschehen. Ist dies nicht möglich, kann nachträglich eine Gitterrostsicherung eingebaut werden. Diese besteht aus einer Metallplatte auf der Oberseite des Gitters, die mit einer Kette nach innen verspannt an einem Metallhaken befestigt ist. Jedes Gitter sollte mit mindestens zwei, am besten mit vier solchen Sicherungen versehen werden.

Auch Kellerfenster brauchen massive Gitter, die nicht von außen demontiert werden können. Gegen das Durchsägen der Gitterstäbe gibt es eine feine, Einbrechern gegenüber durchaus gemeine Erfindung: Wenn die Gitterstäbe als Rollkernstangen ausgeführt sind, kann der Einbrecher sie nur bis zum Kern mit der Eisensäge anschneiden. Der Kern dieses Stabes dreht sich nämlich mit und kann so nicht mehr durchgesägt werden. Voraussetzung für die nötige Sicherheit ist natürlich auch hier eine ausreichend feste Verankerung im Mauerwerk.

Wandverstärkung

Stichwort Mauerwerk: Einbruchhemmende Fenster und Türen machen nur dann Sinn, wenn sie in geeigneten Wänden montiert sind. Halten Sie sich dafür ausschließlich an die vorgegebene Montageanleitung. Beton- oder Ziegelwände erfüllen im Normalfall diese Kriterien.

In jüngster Zeit werden aber immer mehr Leichtbauwände (Gipskartonständerwand, Holzriegelwand, Paneelwand) eingesetzt, beispielsweise bei Dachbodenausbauten. Auch in diese können einbruchhem-

Stiefkind Garage

Einbrecher dringen aus zwei Gründen in Garagen ein: um dort gelagerte Gegenstände (und Fahrzeuge) zu entwenden und/oder, um über eine Verbindungstür ins Wohnhaus zu gelangen. Bei einem Neubau sollten Sie sich überlegen, ob eine Tür zwischen Garage und Wohnbereich bzw. Garten wirklich nötig ist. Ein Verzicht auf Garagenfenster nimmt den Einbrechern eine zusätzliche Einstiegsmöglichkeit. Um das Garagentor zum echten Hindernis zu machen, sollte es, sofern es sich um ein Schwingtor handelt, mit einer speziellen Stangenverriegelung ausgestattet werden. Diese funktioniert ähnlich wie ein Balkenschloss bei einer Eingangstür. Die Beplankung des Tores darf von außen nicht entfernbar sein. Der Profilzylinder muss, wie bei jeder anderen Außentür, geschützt eingebaut werden. Eine verbindliche Sicherheitsnorm für Garagentore gibt es derzeit weder in Österreich noch in Deutschland.

Mechanische Gebäudesicherung

mende Elemente eingebaut werden, sofern dies laut Montageanleitung zulässig ist. Auf jeden Fall müssen solche Wände im Bereich der Türöffnung zusätzlich verstärkt werden. Dazu eignen sich Stahlprofile im Maß 100 x 100 mm, die an Boden und Decke befestigt sind. Auch die Leichtbauwand selbst sollte gegen Durchbruch gesichert werden – dies kann durch Blecheinlagen erfolgen. Geprüfte Systeme dafür sind am Markt erhältlich.

Tresore

Um Wertgegenstände in den eigenen vier Wänden vor unbefugtem Zugriff zu schützen, ist die Verwendung eines Tresors ratsam. In solchen gepanzerten Schränken lassen sich Bargeld, Sparbücher, Schmuck, Kunstwerke, wichtige Dokumente und Datenträger ziemlich sicher verwahren. Immerhin sind viele dieser Gegenstände oft unersetzbar und verdienen daher eine besondere Sicherung.

Gute Tresore haben eine 25 bis 50 mm dicke doppelte Metallwand, deren Zwischenraum mit Spezialbeton und Armierungen gefüllt ist. Ähnlich wie bei einbruchhemmenden Türen gibt es auch bei Tresoren und Tresorräumen eine Einteilung in Widerstandsklassen, und zwar insgesamt 14. Für den Privatbereich sind die Klassen 0 bis 3 von Bedeutung. Je höher die Zahl, desto länger dauert es, bis ein Ganove mit dem Einsatz von verschiedenen Werkzeugen den Tresor knacken kann. Dies wird nach einer seit 1991 geltenden Norm in speziellen Testlabors geprüft und in einem Zertifikat bestätigt. Allerdings sind die Standards europaweit unterschiedlich – das heißt, in manchen Ländern sind diese Zertifikate „billiger" zu erreichen als in anderen.

Für Tresore gibt es 14 Widerstandsklassen

Zertifikat ist wichtig

Verfügt der Tresor über ein Zertifikat des Verbandes Österreichischer Sicherheitsunternehmen VSÖ, sind Sie auf jeden Fall auf der sicheren Seite, da hier besonders strenge Richtlinien gelten. Sonderangebote aus exotischer Produktion, wie man sie im Supermarkt oder im Baumarkt relativ billig kaufen kann, erfüllen diese Bedingungen in den meisten Fällen nicht.

Grundsätzlich unterscheidet man von der Bauart her Möbeltresore bzw. Möbeleinsatztresore, Wandtresore und Standtresore. Bei allen ist die Verankerung das Um und Auf. Möbeleinsatztresore, wie man sie aus Hotelzimmern kennt, haben wenig Stauraum, sind aber auch nachträglich leicht einzubauen. Ihre Schutzfunktion wird von den Versicherungen allerdings als eher gering eingeschätzt, ihr Inhalt ist in der Regel nur bis 2.500 Euro versicherbar.

Mantel aus Spezialbeton

Bei einem Neubau kann man von vorherein einen Platz in einer Wand vorsehen – der nachträgliche Einbau von Wandtresoren ist eher teuer und aufwendig. Außerdem hat nicht jedes Gebäude so massive Wände wie erforderlich. Die Wand muss dicker sein als der Tresor tief ist. Einbautresore müssen zusätzlich mit einer zehn Zentimeter dicken Schicht Spezialbeton (Type C30/37) ummantelt sein, damit man sie nicht so leicht aus der Verankerung reißen kann. Kaminwände sind für den Tresoreinbau nicht geeignet. Außenwände nur eingeschränkt – nämlich, wenn sie eine ausreichende Wärmedämmung besitzen. Sonst könnte sich Kondenswasser bilden, Rostgefahr ist die Folge.

Schon beim Neubau sollten Sie einen Platz für den Tresor vorsehen

Tresor und Versicherung

Bevor Sie sich einen Tresor anschaffen, sollten Sie ein klärendes Gespräch mit Ihrer Versicherung führen. In Haushaltsversicherungen sind meist genaue Bestimmungen über die Verwahrung von Wertgegenständen enthalten. Deckungssumme im Schadensfall bzw. Prämienhöhe richten sich natürlich nach der Widerstandsklasse des Geldschranks. Wobei Privaten in der Regel wesentlich höhere Summen zugebilligt werden als Gewerbebetrieben. Ein Beispiel: Bei einem Tresor der VSÖ-Klasse EN 3 lässt sich der Inhalt bei Privaten bis 200.000 Euro versichern, bei Gewerbebetreibenden nur bis 100.000 Euro. In Kombination mit einer Alarmanlage erhöhen sich diese Beträge.

Mechanische Gebäudesicherung

Standtresore haben den Vorteil, dass sie innerhalb der Wohnung verschoben und im Fall einer Übersiedlung mitgenommen werden können. Sie stellen aber wegen ihres hohen Gewichts besondere Anforderungen an die Gebäudestatik und auch an den Transportweg (beispielsweise eine Kellertreppe). Wenn sie weniger als 1.000 Kilo schwer sind, müssen sie in Boden und/oder Wand zusätzlich verankert werden, damit sie nicht einfach abtransportiert werden können. Dafür gibt es spezielle massive Befestigungen. Erkundigen Sie sich diesbezüglich nach den Bedingungen bei Ihrer Versicherung.

Auch die Standortwahl sollte bedacht werden. Je unauffälliger, desto besser. Keller oder Abstellräume sind da gut geeignet. Wandtresore können auch hinter Bildern, Vertäfelungen oder Möbelstücken verschwinden.

Tresore schützen Werte in Ihrem Heim oder Ihrem Unternehmen

Mit Alarmanlage koppeln

Tresore lassen sich zusätzlich mit der Einbruchsmeldeanlage verbinden, sofern Sie in Ihrer Wohnung eine solche installiert haben. Spezielle Sensoren (Türkontakt, Körperschallmelder, Bodenabreißmelder) reagieren auf Versuche, den Geldschrank aufzuschneiden oder aus der Verankerung zur reißen, und lösen die Alarmierung aus. Diese Variante ist zwar mit Kosten verbunden, allerdings verdoppeln die Versicherungen die Deckungssummen, wenn eine Koppelung Tresor/Alarmanlage vorhanden ist.

Thema Feuer: Selbst Standardtresore bieten einen guten Widerstand gegen Hitze, allerdings gibt es auch spezielle (geprüfte) feuerfeste Ausführungen, in denen Dokumente oder Datenträger gut geschützt sind. Eine andere und preisgünstigere Lösung sind feuerfeste Aufbewahrungsboxen für Ihre Wertgegenstände, die Sie dann in einem herkömmlichen Tresor platzieren können.

Waffenschränke

Ein besonderer Typus sind Waffenschränke, die zur Verwahrung von Faust- oder Langwaffen sowie Munition vorgesehen sind. Sie sind aus massivem Stahl und müssen in Boden und Wand zusätzlich verankert werden.

Verschiedene Schließmechanismen

Unterscheiden kann man Tresore auch nach Art des Schließmechanismus. Es gibt im Wesentlichen drei Arten von Schlössern:

- **Schlüsselschlösser.** Sie sind mit einem Doppelbartschlüssel sperrbar. Die Schlüssel sind nur abziehbar, wenn der Tresor versperrt ist. Steckt kein Schlüssel, kann man also sicher sein, dass der Geldschrank versperrt ist.
- **Mechanische Zahlenkombinationsschlösser.** Hier erfolgt das Entsperren mit einem Einstellrad an der Tresortür, das den Zugang nur mit einer bestimmten Zahlenkombination freigibt.
- **Elektronische Schlösser.** Diese haben eine Tastatur für die Eingabe eines mehrstelligen Zahlencodes. Eine Besonderheit: Nach einer bestimmten Zahl von Fehleingaben sind weitere Versuche erst nach längerer Wartezeit möglich – Zeit, die Einbrecher nicht haben.

Manche Produkte können auch mit zwei oder drei Schlössern ausgestattet werden, um nur ein gemeinsames Öffnen des Schranks zu ermöglichen (Vier-Augen-Prinzip). Welche Schlossvariante Sie wählen, ist eher Geschmacksache – vom Sicherheitsstandard her sind sie vergleichbar und sie sind allesamt gegen ein Nachsperren gesichert. Es ist eher eine Frage Ihres persönlichen Komforts. Schlüssel müssen Sie natürlich so verwahren, dass ein Einbrecher sie nicht findet – also am besten bei sich

Wertheim

Mechanische Gebäudesicherung

tragen. Bedenken Sie, dass ein Einbrecher angesichts eines Tresors alles versuchen wird, um an den Schlüssel zu kommen – da ist keine versperrte Lade vor ihm sicher.

Zahlencodes wiederum müssen Sie sich merken oder an einem sicheren Ort notieren. Vorsicht: Wenn Schlüssel oder Code unauffindbar sind, kann auch der Hersteller den Tresor nicht mehr öffnen. Der Geldschrank muss dann aufgeschnitten werden. Das sollten Sie für den Fall Ihres plötzlichen Ablebens bedenken.

Elektronischer Schutz

– Alles über Alarmanlagen
– Richtiger Einsatz von Videokameras
– Elektronische Zutrittskontrolle

Alarmanlagen

Was fürchtet ein Einbrecher am meisten? Kriminologen haben im Gefängnis einsitzende Täter befragt, und das Ergebnis war eindeutig: eine Alarmanlage. Von Objekten, die derart elektronisch gesichert sind, lassen die Ganoven lieber die Finger. Eine Alarmanlage ist also in vielen Fällen die erste Wahl, wenn es darum geht, Immobilien und Eigentum zu schützen. Sie dient der Überwachung und Alarmierung, und sie hat zudem einen hohen Abschreckungseffekt. Eine Alarmanlage bietet aber keinen unmittelbaren Einbruchschutz, sie ist also nur in Kombination mit mechanischen Sicherungsmaßnahmen (einbruchshemmende Türen, Fenstersicherung etc.) sinnvoll.

Das sollten Sie vor dem Kauf bedenken

Bevor Sie in eine Alarmanlage investieren, sollten Sie sich über einiges im Klaren sein. Sie macht nur dann Sinn, wenn der richtige Umgang damit gewährleistet ist. Falls mehrere Personen im Haushalt leben, könnte das schwierig werden. Nicht allen Familienmitgliedern ist zuzumuten oder zuzutrauen, dass sie die Anlage korrekt bedienen. Denken Sie an Kinder. Oder auch an Senioren, die vielleicht schon etwas vergesslich sind und die mit komplizierten technischen Systemen überfordert sein könnten. Eine Anlage kann nur so effektiv sein, wie der Nutzer es zulässt. Wer verabsäumt, sie konsequent scharf zu schalten, darf sich keinen Schutz erwarten. Genauso muss man wissen, was man bei eingeschalteter Anlage daheim tun oder lassen kann, ohne einen Fehlalarm auszulösen.

In Ihre Überlegungen miteinbeziehen sollten Sie auch die tatsächliche Gefährdungslage, die wiederum mit Ihrer Wohnsituation zusammenhängt. In der Stadt sind Wohnungen im Erdgeschoß, im 1. Stock oder im Dachgeschoß am stärksten gefährdet. Liegt Ihr Domizil in einer mittleren Etage, ist eine gute mechanische Sicherung im Normalfall ausreichend. Auf keinen Fall sollten Sie die mechanische Sicherung zugunsten einer Alarmanlage vernachlässigen. Ist es in Ihrer Nachbarschaft schon öfter zu Einbrüchen gekommen, kann eine zusätzliche Alarmanlage natürlich dazu beitragen, Sie beruhigt schlafen zu lassen. Am besten wenden Sie

Mit einer Alarmanlage zu leben will gelernt sein

Elektronischer Schutz

sich diesbezüglich an die Experten vom Kriminalpolizeilichen Beratungsdienst.

Selbstbau oder Profi-Installation?

Alarmanlage ist nicht gleich Alarmanlage. Es gibt sie in vielen Varianten und Ausführungen und für jeden Geldbeutel. Schaut man sich in der Welt der Bau- und Elektronikmärkte um, gewinnt man den Eindruck, dass jeder halbwegs geschickte Bastler ein Haus in eine Hochsicherheitsfestung verwandeln kann.

Experten raten von solchen „handgestrickten" Lösungen freilich dringend ab. Was für Ihre Wohnung, Ihr Haus geeignet ist, das können Fachleute besser beurteilen. Was man vorher an Beratung investiert, erspart man sich möglicherweise im Nachhinein an Ärger und finanziellem Schaden, wenn die Sache doch nicht so wie gewünscht funktioniert hat ...

Herstellerunabhängige Beratung bekommen Sie vom Kriminalpolizeilichen Beratungsdienst (siehe Serviceteil). Darüber hinaus gibt es eine Liste in Österreich anerkannter Errichtungsfirmen. Sie verfügen über ein Zertifikat des Verbandes der Sicherheitsunternehmen Österreichs (VSÖ). Dieses „Gütesiegel" beurteilt nicht nur die technische Kompetenz der Errichter, sondern auch Service, Bonität, Zuverlässigkeit der Mitarbeiter und das Vorhandensein einer Störungsmeldestelle. Diese vom VSÖ anerkannten Errichterfirmen sind zudem verpflichtet, nachweislich nur Bauteile zu verwenden, die ebenfalls eine strenge Qualitätsprüfung eines unabhängigen Labors bestanden haben. Viele Haushaltsversicherungen knüpfen einen Prämiennachlass an die Bedingung, dass die Anlage ein VSÖ-Gütesiegel trägt.

Achten Sie auf das VSÖ-Gütesiegel!

Einbruch- und Überfallmeldeanlagen

Das, was man umgangssprachlich unter einer Alarmanlage versteht, umfasst die schon erwähnten Einbruchmeldeanlagen (EMA) und Überfallmeldeanlagen (ÜMA). Ihre Aufgaben sind schon in ihren Bezeichnungen beschrieben: Während bei der Einbruchmeldeanlage der Alarm passiv ausgelöst wird, weil einer der Melder eine beobachtete Veränderung zur

Zentrale leitet, muss bei Überfallmeldeanlagen der Alarm aktiv ausgelöst werden – und zwar durch die Person, die sich von einem Überfall bedroht fühlt und den Melder betätigt.

Das gibt es nicht nur im gewerblichen Bereich (in Banken etwa durch eine Fußkontaktleiste, die der bedrohte Bankbeamte betätigt), sondern auch im privaten Bereich: in Form von Notrufsendern, die man ständig bei sich tragen kann, oder Notruftasten, die sich an bestimmten Stellen befinden (etwa auf den Nachtkästchen), damit man bei einem Einbruch in Anwesenheit – also einem Überfall – die Notrufstelle benachrichtigen kann. Während Einbruchmeldeanlagen in verschieden Stadien scharf oder unscharf gestellt werden können und sollen, müssen Überfallmeldeanlagen immer aktiv sein. Es ist natürlich sinnvoll, eine EMA und eine ÜMA zu kombinieren. Bei Einbruchmeldeanlagen gibt es drei mögliche Überwachungsmaßnahmen: den Außenhautschutz, die Innenraumüberwachung und den Objektschutz. Die Entscheidung für eine dieser Überwachungsmaßnahmen oder deren Kombination ist in der OVE-Richtlinie R2 geregelt und muss im Beratungsgespräch mit dem Errichter der Alarmanlage getroffen werden. Ausschlaggebend sind nicht nur mögliche Bedrohungsszenarien, sondern auch Überlegungen dazu, welche Maßnahme welche Auswirkung auf den Wohnalltag hat. Wichtig ist, dass der Mindeststandard der OVE-Richtlinie R2 eingehalten wird.

Kompetente Beratung ist wichtig

Außenhautschutz. Die Außenhaut wird mit verschiedenen Meldern versehen (Magnetöffnungskontakte, Glasbruch- oder Erschütterungsmelder etc.), die einen Alarm auslösen. Dadurch erfolgt die Abwehr des Täters zum frühestmöglichen Zeitpunkt.

Innenraumüberwachung. In allen oder in einigen ausgewählten Räumen registrieren Bewegungsmelder bei scharf gestellter Anlage Bewegungen und lösen dadurch den Alarm aus.

Objektschutz. Dabei werden gezielt wertvolle Gegenstände geschützt, etwa Gemälde mit speziell dafür entwickelten Bildermeldern. Die Erkennung des Täters erfolgt zum spätesten Zeitpunkt – wenn er sich schon im Objekt und direkt bei seiner angestrebten Beute befindet.

Elektronischer Schutz

Natürlich lassen sich alle drei Überwachungsmaßnahmen miteinander kombinieren. Bei einer Kombination von Außenhautschutz und Innenraumüberwachung etwa kann die Innenraumüberwachung ausgeschaltet werden, wenn sich die Bewohner im Haus befinden. Oder es werden nur bestimmte Räume und/oder Objekte geschützt und andere Bereiche ausgeblendet.

Schema einer Alarmanlage

Jede Alarmanlage besteht aus folgenden Komponenten:

- **Melder.** Sinnesorgane der Anlage, die Veränderungen registrieren und weiterleiten.
- **Meldelinie.** System der Nervenbahnen, die die Veränderungen weiterleiten und auch auf Veränderungen an ihnen selbst reagieren und diese an die Zentrale melden.
- **Alarmzentrale.** Gehirn der ganzen Anlage, bei dem alle Nervenbahnen zusammenlaufen. Interpretiert Signale, reagiert darauf.
- **Signalgeber.** Sind im Fall eines lauten Alarms die Drohgebärden der Anlage, entweder in Form von Sirenen oder von Blink-, Blitz- oder Drehlichtern. Sollen die Umgebung auf den Einbruch/Überfall aufmerksam machen und die Täter abschrecken.
- **Übertragungseinrichtung (ÜE).** Übermittelt die Einbruchmeldung an die Polizei oder den ausgewählten Sicherheitsdienst, wobei die Art der Datenübermittlung unterschiedlich ist. Das kann ein digital gespeicherter Text sein, es können aber auch digitale Informationen übermittelt werden.
- **Übertragungseinheit.** Gibt die Informationen an die Sicherheitszentrale weiter, entweder über die Leitung des Standtelefons, ein GSM-Netz (also eine Handy-Leitung) oder über das Internetprotokoll TCP/IP.
- **Schalteinrichtung.** Wenn die Anlage nicht direkt über die Zentrale scharf gestellt oder entschärft wird, kann das auch über Handfunksender, abgesetzte Bedienteile oder ein Blockschloss geschehen.

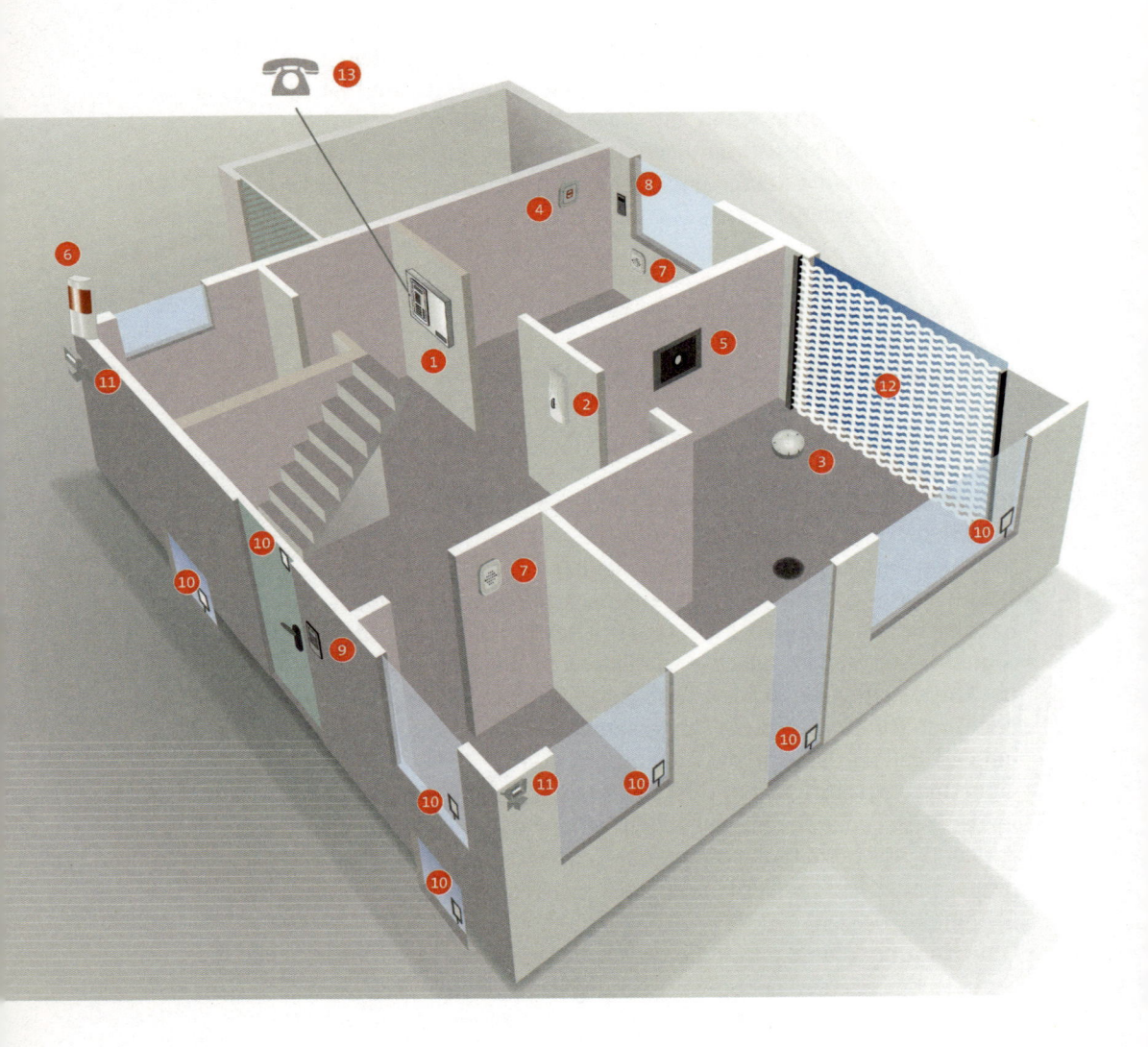

Schema einer Alarmanlage. 1 Gefahrenmelderzentrale **2** Raumüberwachung **3** Rauchmelder **4** Notrufmelder **5** Einzelobjektüberwachung **6** Optischer/akustischer Signalgeber extern **7** Akustischer Signalgeber intern **8** Internes Bedienteil **9** Externes Bedienteil mit Verschlussüberwachung **10** Außenhautüberwachung **11** Lichtschaltgerät **12** Infrarot-Lichtvorhang **13** Übertragungseinrichtung **(Quelle: VSÖ/Telenot)**

Alarmanlage und Smartphone

Die moderne Kommunikationstechnologie durchdringt immer stärker alle unsere Lebensbereiche. Die Smartphone-Euphorie macht auch vor Alarmanlagen nicht Halt. Für die Anwender bedeutet das einen enormen Gewinn an Bedienungskomfort. Moderne Systeme erlauben es dem Nutzer, via Smartphone mit der Anlage zu kommunizieren. So kann der Zustand der Anlage (scharf/unscharf) von unterwegs kontrolliert und notfalls verändert werden. Im Alarmfall schickt Ihnen die Meldezentrale von daheim eine Information auf Ihr Mobiltelefon. Ist die Alarmanlage noch dazu mit einer Videoüberwachung kombiniert, können Sie auch gleich einen Blick auf das Geschehen in Ihrem Haus machen. Sie können dann aus der Distanz beurteilen, welche Reaktion nötig ist – ob es sich um einen Fehlalarm handelt oder ob die Polizei verständigt werden muss.

So groß die Begeisterung für den unkomplizierten Zugriff auf die Alarmanlage via Smartphone auch sein mag: Den wenigsten Menschen ist bewusst, dass sie damit ein scheunengroßes Tor für ungebetene Besucher aufmachen – denn eine simple App verwandelt das Smartphone in ein externes Bedienteil für die eigene Alarmanlage. Natürlich es ist eine feine Sache, wenn man vom Urlaub aus das eigene Haus kontrollieren kann; aber wer weiß, ob das wirklich die Putzkraft ist, die da um Einlass bittet? Und ist die Anlage hinterher wirklich wieder scharf geschaltet – da war jetzt wieder dieses Funkloch…

Grundsätzlich gilt, dass Smart-Device-Applikationen die Anforderungen und Prüfmethoden vorhandener Richtlinien (VdS 3169-1 und VdS 3169-2) erfüllen und nachweisen müssten. Jeder, der Smart-Device-Applikationen für Alarmanlagen verwenden will, sollte also darauf achten, dass die angebotene Applikation („App") zur Bedienung der EMA folgende Mindestanforderungen erfüllt:

Sicherheitsstandards für Smartphone-Apps

- Das Smart Device muss, sofern technisch möglich, über eine Firewall verfügen, die automatisch auf dem aktuellen Stand gehalten wird.
- Das Smart Device muss, sofern technisch möglich, über einen Virenscanner verfügen, der automatisch auf dem aktuellen Stand gehalten wird.

- Die Alarmanlagen-App darf nur durch Berechtigte gestartet werden können. Die Berechtigung muss durch Eingabe eines Nutzercodes oder eines anderen, gleichwertigen Identifikationsmerkmals (z. B. Fingerabdruck) nachgewiesen werden.
- Wird ein falscher Nutzercode eingegeben, ist durch eine Zeitverzögerung sicherzustellen, dass der nächste Eingabeversuch erst nach Ablauf einer bestimmten Zeit erfolgen kann.
- Werden nacheinander fünf falsche Nutzercodes eingegeben, ist das Starten der Applikation vollständig zu blockieren.
- Es muss ein Updatemanagement geben, das dafür sorgt, dass die Applikation stets aktuell ist.

ABC einer Alarmanlage

Bevor wir die verschiedenen Funktionsweisen und Besonderheiten der einzelnen Systeme genauer beschreiben, wollen wir Sie durch einen Überblick über die wichtigsten Begriffe mit den Elementen, der Funktionsweise und der Logik von Alarmanlagen vertraut machen.

Aktiv abwesend. Zustand der Alarmanlage, bei dem alle Bereiche scharf gestellt sind, wenn niemand im Objekt ist.

Aktiv anwesend. Teilweise Scharfschaltung, wenn Personen (oder Tiere) im Haus oder in der Wohnung sind. Entweder sind einzelne Bereiche unscharf gestellt (z.B. Fenster zum Lüften) oder bei einer Kombination mehrerer Alarmsysteme ist etwa der Außenhautschutz aktiv, die Innenraumüberwachung aber unscharf.

Akustischer Alarmgeber/Außensirene. Es gibt verdrahtete Sirenen, die mit einem mehrdrahtigen Kabel mit der Zentrale verbunden sein müssen. Funksirenen brauchen eine eigene Stromversorgung (über das Stromnetz oder mit Batterien). Funksolarsirenen beziehen den Strom aus Photovoltaikzellen und müssen daher an einem Platz montiert werden, wo es ausreichend Sonneneinstrahlung gibt. Alle guten Außensirenen sollen zur Absicherung auch über einen eingebauten Akku verfügen und

Elektronischer Schutz

auch dann Alarm auslösen, wenn die Stromversorgung unterbrochen ist oder sie von der Wand gerissen werden. Sirenen sollen möglichst hoch (außerhalb des Handbereichs von ca. 3 Metern) und gut sichtbar montiert werden, um Einbrechern das Vorhandensein einer Alarmanlage zu signalisieren und Sabotage zu verhindern.

Alarm. Wird eine Veränderung der scharf geschalteten Anlage an die Zentrale gemeldet, löst diese sofort den Alarm aus. Er kann je nach Art oder Einstellung der Anlage unterschiedlich ausfallen. Beim **akustischen Alarm** ertönt ein lauter Signalton über eine oder mehrere Sirenen. Akustischer Außenalarm soll die Umgebung auf den Angriff aufmerksam machen und/oder die Einbrecher in die Flucht schlagen. Der akustische Außenalarm muss wegen Ruhestörung zeitlich begrenzt sein (180 Sekunden) und sich automatisch abschalten. Ein akustischer Alarm im Inneren des Gebäudes soll die Einbrecher nervös machen und ist daher zeitlich nicht begrenzt. Bei einem **Fernalarm** wird die Hilfe leistende Stelle (Polizei oder Sicherheitsdienst) verständigt; im privaten Bereich wird der Fernalarm meist mit akustischem und optischem Alarm verbunden. Beim **optischen Alarm** schaltet sich eine Blitzleuchte ein. Im Privatbereich meist in Kombination mit akustischem Alarm zum Aufmerksammachen der Umgebung und zur Abschreckung der Täter. Der **stille Alarm** wird meist im öffentlichen Bereich (Banken, Geschäfte etc.) eingesetzt. Bei diesem Alarm wird für die Täter nicht erkennbar die Polizei vom Überfall verständigt. Kann im privaten Bereich durch eine Überfalltaste ausgelöst werden.

Alarmglas. Glasscheiben mit integriertem Alarmgeber, entweder durch einen über die gesamte Scheibenfläche verlegten feinen Draht und eine elektrisch leitende Folie auf der Glasscheibe oder innerhalb eines Verbundfensters. Diese Melder geben Alarm, wenn sie durch Anreißen oder Brechen verletzt werden und der Stromkreislauf dadurch unterbrochen ist.

Alarmmelder. Die Sensoren der Alarmanlage, die eine Veränderung an die Zentrale weiterleiten und dadurch den Alarm auslösen. Es gibt drei Kategorien von Geräten, die nach der Art, wie sie den Alarm auslösen, unterschieden werden: die automatischen, die manuellen und die elektromechanischen bzw. elektromagnetischen Melder. **Automatische**

Außenalarm

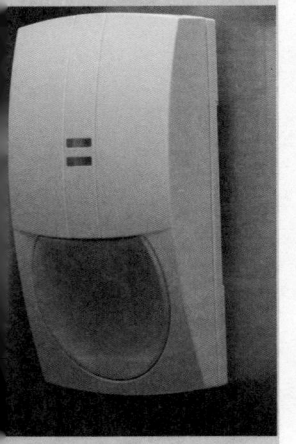

Melder registrieren, wenn die Anlage scharf gestellt ist, Veränderungen und geben diese an die Zentrale weiter. Dazu gehören aktive, passive und akustische Glasbruchmelder (auch für Türverglasungen oder Vitrinen), aktive Alarmgläser, Lichtschranken, Körperschallmelder (werden bei Wertbehältnissen eingesetzt), Bewegungsmelder und kapazitive Melder (z.B. für Tresore). **Manuelle Melder** müssen aktiv durch eine Person, die sich bedroht fühlt, ausgelöst werden (stiller oder lauter Alarm). Manuelle Melder sind: alle Arten von Überfalltasten oder mobilen Überfallmeldern, die man zumindest im Haushalt immer bei sich tragen kann. **Elektromechanische und elektromagnetische Melder** bestehen aus zwei Teilen, die an beweglichen Elementen – meist an der Außenhaut – montiert sind und häufig einen Stromkreis schließen. Wird dieser bei scharf geschalteter Anlage unterbrochen, gibt es eine Meldung an die Zentrale, die Alarm auslöst. Zu diesem Typus Melder gehören: Schließblechkontakte für Türen, Magnetkontakte für Fenster und Türen, Alarmtapeten, mit denen Wände verkleidet werden können.

Alarmzentrale. Wird in der Fachsprache auch Einbruchmeldezentrale (EMZ) genannt. Sie bekommt alle Informationen der Melder und entscheidet je nach Programmierung und Konfiguration der Anlage, ob und welcher Alarm gegeben wird. Sie muss auch Sabotageversuche erkennen und (meist bei Funkanlagen) leere Batterien oder Akkus. Die Alarmzentrale überwacht auch den Status der Anlage bzw. kann dieser über sie eingestellt werden – etwa „aktiv anwesend" oder „unscharf", „aktiv abwesend" oder „scharf".

Bewegungsmelder. Sind die Alarmgeber bei der Innenraumüberwachung. Sie reagieren auf die Bewegung von Personen oder Objekten im Überwachungsbereich.

Einbruchmeldeanlage (EMA). Anlagen für die automatische Überwachung von Sicherungsbereichen auf unbefugtes Eindringen.

Endgeräte. Dazu zählen alle Geräte, die nicht direkt zum Alarmkreislauf gehören, sondern überwachen oder auf den Alarm reagieren, also Alarm- und Signalgeber, Übertragungseinrichtungen, Videospeicher und

Elektronischer Schutz

Fotokameras sowie Ereignisdrucker. Sie werden unter dem jeweiligen Begriff erläutert.

Ereignisspeicher. Moderne Alarmanlagen halten in einem internen Speicher die Ereignisse fest, um dadurch den Ablauf eines Einbruchs rekonstruieren zu können. Durch einen zusätzlichen Drucker können diese Daten leicht verfügbar und einsehbar gemacht werden.

Glasbruchmelder. Diese kleinen Geräte werden auf die Scheibe geklebt und kommen ohne Alarmglas aus. Es gibt verschiedene Arten von Glasbruchmeldern. Der **aktive Glasbruchmelder** speist in die Glasplatte eine für das menschliche Ohr nicht hörbare Frequenz ein. Das Glas ist dadurch dauernd beschallt. Wird die Glasplatte zerbrochen, ist diese Frequenz gestört und der Alarm wird ausgelöst. Der **passive Glasbruchmelder** besteht aus einem kleinen Mikrofon. Wird das Glas zerbrochen, erzeugt das eine Frequenz, die vom Melder aufgenommen und an die Alarmanlage weitergeleitet wird. Der Nachteil ist, dass dieser Melder auch auf Erschütterungen (wie etwa von einem vorbeifahrenden Lkw) reagieren und Alarm auslösen kann. Der **akustische Glasbruchmelder** reagiert auf das typische Geräusch brechenden Glases. Die Montage akustischer Glasbruchmelder erfolgt an Wänden oder Decken.

Glasbruchmelder

Innensirene. Befindet sich im Inneren des Gebäudes und soll nicht auf den Einbruch aufmerksam, sondern den Täter nervös machen. Im Gegensatz zur Außensirene gibt es keine zeitliche Begrenzung, die Innensirene kann also durchgehend heulen.

Kontaktmatten. Lösen nach Scharfschalten der Anlage beim Betreten Alarm aus. Sie können entweder im Eingangsbereich eingesetzt werden oder zum Schützen besonderer Werte – also etwa in dem Bereich, wo sich ein wertvolles Gemälde oder ein Tresor befindet.

Körperschallmelder. Reagieren ähnlich wie Erschütterungsmelder auf bestimmte, ungewohnte Frequenzen, allerdings bei massiven Objekten. Sie zeigen z.B. an, ob jemand versucht, eine Mauer zu durchbrechen oder einen Tresor gewaltsam zu öffnen.

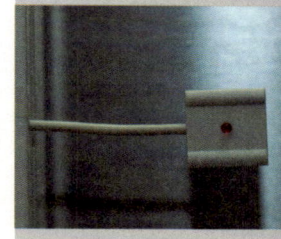

Magnetöffnungskontakte. Melden das Öffnen von Fenstern und Türen. Sie bestehen aus zwei Teilen, wobei einer am Rahmen, einer am Fenster- oder Türflügel befestigt ist. Ist das Fenster oder die Tür geschlossen, kann Strom durch den Kontakt fließen. Der Stromkreis wird beim Öffnen unterbrochen und löst bei scharf geschalteter Anlage Alarm aus.

Melder. ▶ Alarmmelder

Meldelinie. Alle Verbindungen zwischen den Sensoren und der Zentrale. Darunter versteht man Stromkreise, die die Öffner- oder Schließerkontakte der Alarmgeber miteinander und diese mit der Alarmzentrale verbinden und an sie die Veränderungen weitergeben. Nach der Art der Stromkreise werden zwei Arten von Meldelinien unterschieden, die Ruhestrom- und die Arbeitsstrom-Meldelinie. Bei der **Ruhestrom-Meldelinie** werden alle Öffnerkontakte in Reihe geschaltet. Das heißt, wenn alle geschlossen sind, fließt Strom durch die gesamte Meldelinie. Wird dieser Stromkreis bei scharf geschalteter Anlage unterbrochen, so wird Alarm ausgelöst. Die **Arbeitsstrom-Meldelinie** funktioniert nach dem gegenteiligen Prinzip. Hier sind die Schließerkontakte parallel geschaltet. Es gibt daher keinen geschlossenen Stromkreis in der Meldelinie; der Alarm wird ausgelöst, wenn ein Kontakt in dieser Schleife geschlossen wird. Da die Arbeitsstrom-Meldelinie das Durchtrennen einer Leitung nicht meldet, wird sie mit einer Ruhestrom-Meldelinie kombiniert.

Optischer Alarmgeber/(Dreh-)Blitzlampe. Soll mittels auffallender Lichtsignale meist in Verbindung mit einer Außensirene sowohl die Einbrecher auf das Vorhandensein einer Alarmanlage hinweisen und dadurch vom weiteren Eindringen abschrecken als auch die Umgebung auf die Tat aufmerksam machen. Wie die Sirene weithin hörbar sein muss, so muss das Blitzlicht weithin sichtbar sein. Wichtig ist aber, dass es für Täter möglichst unerreichbar platziert ist, damit sie es nicht zerstören oder abdecken können. Ideal ist eine Montage auf dem Dach.

Riegelschaltkontakte. Überwachen den Verschlusszustand der Riegel an Türen und Fenstern und werden daher auch Schließblechkontakte genannt.

Elektronischer Schutz

Sabotage. Zwischen der Sicherheitstechnik und gewieften Kriminellen besteht immer eine Art Wettlauf. Für Profis gibt es viele Möglichkeiten, eine Alarmanlage durch Sabotage auszutricksen. Gleichzeitig wurden technische Maßnahmen entwickelt, die das verhindern:

- Das Abdecken eines Bewegungsmelders (Infrarotmelders) mit Karton oder durch Übersprühen mit Farbe funktioniert nicht bei modernen Geräten, die diese veränderte „Sichtweise" erkennen und Alarm geben.
- Gegen das Abdecken von Sirene oder Blitzleuchten mit einem Karton, wobei die Sirene zum Verstummen gebracht werden kann, indem sie erst überdeckt und dann mit Montageschaum ausgeschäumt wird, hilft eine einfache mechanische Maßnahme: Beide Alarmgeber für Einbrecher möglichst unerreichbar montieren.
- Manipulation an Meldern: Beim Abtrennen eines Gleichstrommelders ist der Stromkreis unterbrochen, der Alarm wird ausgelöst. Den Versuch, einen Gleichstrommelder durch Überbrücken auszuschalten, verhindert ein Widerstand im Melder: Durch das Überbrücken ändert sich der Widerstandswert, die Manipulation wird erkannt. Gegen die Manipulation im Inneren eines Melders hilft ein Deckelkontakt, der entweder mit dem Alarmkontakt parallel geschaltet oder an die Sabotageleitung angeschlossen ist; ebenso wird Alarm ausgelöst, wenn das Gehäuse des Melders beschädigt wird.
- Das Unterbrechen der Stand- oder Telefonleitung verhindert die Alarmzentrale. Die Standleitung sendet zu Polizei oder Sicherheitsdienst ununterbrochen ein Signal. Kann es von der Empfangszentrale nicht mehr geortet werden, wird sofort Alarm ausgelöst. Eine Verbindung via Telefonleitung sendet in regelmäßigen Abständen einen Statusbericht an die Empfangszentrale bei der Polizei oder einen Sicherheitsdienst. Auch hier werden die vereinbarten und erforderlichen Maßnahmen getroffen, wenn dieser Routineanruf ausbleibt.

Schutz vor Sabotage

Scharf/unscharf schalten. Erst wenn alle Tür- und Fensterkontakte geschlossen sind, die Bewegungsmelder nichts Verdächtiges melden, alle Alarm gebenden Komponenten ihr Okay erteilen, kann die Anlage scharf geschaltet werden. Zum Scharfschalten einer Anlage gibt es mehrere Möglichkeiten:

Verschiedene Arten der Aktivierung

- Das Blockschloss ist die Koppelung von Alarmanlage und Schlüssel der Eingangstür. Die Alarmanlage wird nicht über die Zentrale oder eine Fernbedienung, sondern mit dem Absperren scharf gestellt. Das geht allerdings nur, wenn alle Bedingungen dafür erfüllt (z.B. alle Fenster geschlossen, alle Melder einsatzbereit) sind. Mit dem Blockschloss kann zwar die Eingangstür versperrt werden, es soll aber nicht das einzige Schloss der Tür sein.
- Mit dem Schlüsselschalter wird die Alarmanlage durch einen Schlüssel scharf geschaltet; entweder direkt an der Alarmzentrale oder an der Eingangstür. Im Gegensatz zum Blockschloss lässt sich der Schlüsselschalter auch betätigen, wenn die Anlage nicht bereit ist. Hinweise auf den Status kann es durch Leuchtdioden (LED) in verschiedenen Farben geben (rot: Alarm, gelb: Störung, grün: Betrieb) – die allerdings auch einen Einbrecher über den Status der Alarmanlage informieren. Befindet sich das Schlüsselschalterschloss an der Zentrale, dauert es eine Zeit, bis Sie aus dem überwachten Bereich gelangen und das Gebäude von außen versperren können. Deshalb gibt es eine Verzögerungszeit, die nach Ihren individuellen Bedürfnissen eingestellt wird. Die Einschaltverzögerungszeit muss ausreichen, damit Sie ohne Eile von der Zentrale bis zur Haustür gelangen. Die Alarmverzögerungszeit – also jene Zeit, die Sie vom Aufsperren der Haustür bis zum Unscharfstellen der Alarmanlage brauchen – darf aber auch nicht zu lange sein, um einem Einbrecher keine Zeit zu schenken. Beim Überschreiten der Verzögerungszeit wird Alarm ausgelöst. **Hinweis:** Achten Sie darauf, dass Sie vom Errichter einen Sicherungsschein für die Schlüssel zur Anlagenbedienung bekommen. Schlüssel für Schließzylinder ohne Sicherungsschein können von jedermann nachgemacht werden!
- Beim Zahlencode gibt es statt eines Schlüssels eine Art geistige Schalteinrichtung an der Zentrale in Form eines oder mehrerer Zahlencodes, den/die Sie sich natürlich merken müssen. So kann es etwa einen Code zum Scharf-/Unscharfschalten geben, einen zum sofortigen Auslösen eines Bedrohungsalarms und wieder andere für aktiv an- oder abwesend. Das Zahlenschloss muss nicht direkt an der Alarmzentrale montiert sein, es kann auch außerhalb der Eingangstür installiert werden und mittels Fernsteuerung die erwünschte Schal-

tung in der Zentrale veranlassen. Geben Sie zwei oder drei Mal den falschen Code ein, wird Alarm ausgelöst. Das Zahlenschloss sollte auf jeden Fall durch eine versperrbare Abdeckung vor unnötigen Fehlalarmen – etwa durch spielende Kinder – geschützt sein.

Schalteinrichtung mit biologischem Identifikationsmerkmal (IM). Schalteinrichtung, bei der die Scharf-/Unscharfstellung mittels biologischer Merkmale des Nutzers erfolgt. Das können z.B. Fingerabdruck, Augenhintergrund oder Stimme sein.

Fingerprint

Signalgeber. Andere Bezeichnung für Alarmgeber, also akustische und optische Signale, die einen Alarm anzeigen.

Überfallmeldeanlage (ÜMA). Im Gegensatz zur Einbruchmeldeanlage (EMA), bei der der Alarm automatisch ausgelöst wird, kann hier das Opfer eines Überfalls selbst den Alarm auslösen, der sowohl still erfolgen kann (Polizei oder Notdienst werden verständigt) als auch laut: Ein lauter Alarm kann den Täter vertreiben, wenn er den mechanischen Widerstand noch nicht überwunden hat.

Überfallmelder. Dient zum manuellen Auslösen eines externen oder internen Alarms. Es gibt mobile Überfallmelder, die Sie im Bereich der Alarmanlage bei sich tragen können, und fix montierte. Sie werden sinnvollerweise im Schlaf- oder Wohnbereich montiert, sollten sich aber nicht in der Nähe von Lichtschaltern befinden, um die Gefahr von Fehlalarmen zu minimieren. Dabei hilft auch eine Abdeckung über dem Schalter, die vor dem Auslösen des Alarms angehoben werden muss.

Unscharf. Wird die Anlage unscharf gestellt, reagiert keiner der Melder auf eine Veränderung.

Übertragungseinrichtung. Diese ist ein wichtiger Teil der Alarmanlage, denn sie benachrichtigt einerseits die Wohnungs- oder Hausinhaber, andererseits Polizei oder Sicherheitsdienst. Die Übertragung erfolgt entweder mittels Standleitung oder Internet direkt an eine Notrufempfangszentrale (private Sicherheitsdienstleister), oder der Alarm wird über das

Telefonnetz (Festnetz oder Mobilfunknetz) an die Polizei und/oder vorher festgelegte Personen weitergeleitet. Möglich ist hier eine vorher aufgenommene Sprachmitteilung oder die Übermittlung digitalisierter Daten, die Details über die Art des Alarms liefern können. Es gibt Unterschiede in der Art der Nachrichten- oder Datenübertragung an Polizei und private Sicherheitsdienste, was auch entscheidend sein kann für das Erkennen und rechtzeitige Abbrechen von Fehlalarmen. Wichtig zum Schutz vor Durchtrennen: Die Telefonleitung soll unterirdisch ins Haus geführt und innerhalb des Gebäudes unter Putz verlegt werden.

Sicherheit für drinnen und draußen

Nach den technischen Unterscheidungen, wie verschiedene Systeme von Alarmanlagen funktionieren, muss bei der Planung einer EMA auch überlegt werden, welche Bereiche sie überwachen soll. Dabei sollten Sie einerseits die Möglichkeiten und Erfordernisse der geplanten Überwachung berücksichtigen, andererseits auch ihre Machbarkeit. Denn es ist technisch aufwendiger, große freie Flächen zu überwachen, als etwa nur die Außenhaut eines Gebäudes oder bestimmte Räume.

Freiraumüberwachung (Perimeterschutz)

Welche Bereiche sollen überwacht werden?

Diese Art der Sicherung meint die Überwachung des Geländes rund um das zu schützende Objekt. Bei einem Haus kann die Überwachung entweder schon beim Außenzaun beginnen oder es werden Terrassen oder bestimmte Objekte im Garten überwacht. Eine Sicherung mit Bewegungsmeldern birgt hier ein hohes Risiko an Fehlalarmen, da sich im Freien natürlich allerhand bewegt. Da muss es sich nicht unbedingt um Bösewichte handeln, es können auch Kinder, Haus- oder andere Tiere oder einfach durch den Wind bewegte Blätter sein.

Freiraumüberwachung würde heißen, aus Haus und Garten eine Art Hochsicherheitstrakt zu machen. Wollen Sie sich wirklich schützen – etwa, weil das Gelände unübersichtlich ist, dunkle, uneinsehbare Bereiche hat, die unwillkommenen Gästen das Eindringen erleichtern –, so sind Bewegungsmelder sinnvoll, die keinen Alarm auslösen, sondern

Elektronischer Schutz

eine Lampe oder einen Scheinwerfer aktivieren. Ebenso sinnvoll kann eine Überwachung durch Videokameras sein, die Bilder von diesen unsicheren Bereichen ins Hausinnere liefern. Im privaten Bereich macht eine Freiraumüberwachung jedenfalls sehr selten Sinn und ist daher auch nicht wirklich zu empfehlen.

Außenhautüberwachung

Eine elektronische Außenhautüberwachung kann nach drei Prinzipien funktionieren: Durchbruch-, Öffnungs-, Verschlussüberwachung.

Durchbruchüberwachung. Sie soll Durchstieg und Durchgriff verhindern. Das heißt, sie überwacht alle Bereiche, wo mit Gewaltanwendung versucht werden kann, in das Gebäude zu gelangen. Dazu zählen Türen, Fenster, Glasbausteine, Fenstertüren, Lichtschächte, Kellerfenster oder andere Öffnungen. Die Durchbruchüberwachung erfolgt mit Glasbruch- oder Körperschallmeldern sowie Alarmtapeten.

Öffnungsüberwachung. Sie registriert bei allen Fenstern, Türen und sonstigen Einstiegsmöglichkeiten (Lichtkuppeln) den Zustand dieser Öffnungen. Dazu dienen meist Magnetkontakte, die an die Zentrale melden, ob eine Tür oder ein Fenster offen ist oder geöffnet wird.

Verschlussüberwachung. Funktioniert ähnlich wie die Öffnungsüberwachung, ist aber nicht zwischen Rahmen und Fenster oder zwischen Zarge und Türblatt montiert, sondern befindet sich direkt im Schließmechanismus. Die Verschlussüberwachung meldet z.B. beim Scharfstellen, ob alle damit überwachten Fenster und Türen wirklich verschlossen/versperrt, das heißt, alle Riegel in den Schließblechen eingerastet sind.

Einbrecher versuchen zuerst, die für sie einfach erreichbaren Öffnungen zu durchdringen, und das sind nun einmal alle Öffnungen im Erdgeschoß. Auch wenn Terrassen, Balkone oder Fenster in höheren Stockwerken für die Hausbewohner selbst vom Boden aus unerreichbar erscheinen, können sie vor allem für Einbrecherbanden ein lohnendes Ziel sein. Oft bieten sich mehr Aufstiegshilfen an, als nur die vergessene Leiter im Garten. Auch herumstehende Gartenmöbel, Kisten, Mülltonnen oder ein Holzstoß an der Fassade können als Aufstiegshilfen dienen. Manchmal ist auch die Fassade selbst so gestaltet, dass sie ausreichend Kletterhilfen bietet.

Eine weitere „Einladung", vor allem für professionelle Täter, sind Außensteckdosen. Sie versorgen nicht nur den Rasenmäher mit Strom, sondern auch technische Geräte, die Einbrecher zum Knacken der Außenhaut verwenden, etwa Bohrmaschinen oder Winkelschleifer. Daher müssen sich Außensteckdosen immer von innen abschalten lassen – und sie sollen auch immer abgeschaltet werden, wenn die Hausbewohner sie nicht brauchen. Allerdings verfügen Einbrecher heutzutage ohnehin über leistungsstarke Geräte mit Akku-Betrieb.

Auch Stromleitungen dürfen nicht an den Außenwänden entlangführen: Sie können entweder ebenfalls als Stromquelle genutzt oder durchtrennt werden, um dadurch die Sicherheitstechnik des Hauses zu beeinträchtigen. Stromleitungen müssen ebenso wie Telefonleitungen unterirdisch oder unter Putz verlegt werden, damit sie nicht unterbrochen werden können.

Innenraumüberwachung

Innenraumschutz ist durch Bewegungsmelder und Lichtschranken möglich. Diese Form der Alarmanlage macht nur Sinn, wenn die zu schützenden Räume nicht von den Bewohnern benutzt werden, während die Alarmanlage scharf gestellt ist. Während etwa der Außenhautschutz aktiviert werden kann, obwohl die Bewohner im Haus sind, ist das bei einer Innenraumüberwachung kaum möglich. Beim Außenhautschutz besteht die Gefahr eines Fehlalarms, wenn Sie trotz scharf gestellter Anlage unbedacht ein Fenster oder die Haustür öffnen. Bei der Innenraumüberwachung müssen die überwachten Räume überhaupt gemieden werden; sie dürfen nicht betreten werden, während die Anlage scharf gestellt ist. Ausnahmen gibt es allerdings: wenn bestimmte Sektoren überwacht und andere ausgeblendet werden können.

Neben der Gefahr von Fehlalarmen besteht eine weitere Schwäche bei der Innenraumüberwachung durch die Melder selbst, von denen es drei Typen gibt: Infrarot-, Ultraschall- und Mikrowellen-Bewegungsmelder sowie die Kombination untereinander.

Unterschiedliche Bewegungsmelder

Infrarot-Bewegungsmelder. Dieser Melder besteht aus einem Sensor, der empfindlich auf Infrarotstrahlen, also Wärmestrahlen, reagiert. Wird die Anlage scharf gestellt, so stellt sich der Sensor auf die Umgebungstemperatur ein. Er reagiert nicht auf langsame Veränderungen – etwa, wenn sich die Raumtemperatur durch Einschalten der Heizung verändert –, sondern auf eine plötzliche lokale Veränderung. Er misst den Temperaturunterschied, den z.B. ein sich im Raum bewegender Körper auslöst, kann dabei allerdings nicht zwischen Menschen und Tieren unterscheiden. Eine besondere Herausforderung bei einem Infrarot-Bewegungsmelder stellen Haustiere dar. Es sind mittlerweile Geräte auf dem Markt, die laut Angaben der Hersteller in der Lage sind, anhand der Größe des Lebewesens zwischen Menschen und Hunden oder Hauskatzen zu unterscheiden. Viele Fachleute sehen das aber eher kritisch und meinen, dass diese Methode nicht immer zuverlässig funktioniert. Häufige Fehlalarme sind also die Folge. Ein weiteres Problem ist, dass das Überwachungsfeld weniger als 90 Grad ausmacht. Da die meisten Räume rechteckig sind, kann dadurch ein toter Winkel entstehen, in dem man sich unbemerkt bewegen kann. Daher empfiehlt es sich, pro Raum mindestens zwei Infrarot-Bewegungsmelder zu installieren. Mit speziellen Linsen (Fresnel-Linsen) lässt sich der Überwachungsbereich eines Melders verschieden auslegen. Sie können daher für jede Raumgröße den idealen Melder kaufen. Mit Hohlspiegeln kann der Überwachungsbereich auf die jeweiligen Anforderungen abgestimmt werden – Bereiche können ausgeblendet werden, wenn diese besonders anfällig für Fehlalarme sind und nur ein bestimmter Bereich, etwa ein Gang oder Stiegenhaus, überwacht werden soll. Wegen der Versuche, Infrarot-Bewegungsmelder durch Abdecken davon abzuhalten, einen Alarm auszulösen, hat die Industrie abdecksichere Melder entwickelt. Moderne Infrarot-Bewegungsmelder der Risikoklasse WS verfügen über eine Abdecksicherung, die auch im unscharfen Zustand das Zukleben oder Zusprühen eines Melders verhindert; und zwar auch dadurch, dass eine abgedeckte Anlage dann nicht scharf gestellt werden kann.

Ultraschall-Bewegungsmelder. Während der Infrarot-Bewegungsmelder passiv auf (Temperatur-)Veränderungen reagiert, registriert dieser Melder Bewegungen aktiv. Er funktioniert im Prinzip wie eine

Radaranlage: Ein Ultraschallgeber sendet für das menschliche Ohr nicht wahrnehmbare Schallwellen aus. Diese Wellen werden von allen Gegenständen im Raum reflektiert und von der Elektronik des Empfängers ausgewertet. Sind die Daten unauffällig, entsprechen sie also der Grundeinstellung, reagiert der Melder nicht. Bewegt sich etwas oder jemand im Raum, ändert sich die Frequenz der Schallquelle und der Alarm wird ausgelöst. Auf Ultraschall-Bewegungsmelder müssen Sie verzichten, wenn Sie Haustiere, z.B. einen Hund haben. Die Schallwellen sind zwar für das menschliche Ohr nicht wahrnehmbar, sehr wohl aber für Hundeohren – und das wäre dann eine ständige Qual für das Tier. Die Veränderung der Frequenz der Schallquelle ist besonders groß, wenn sich jemand direkt auf den Melder zu- oder von ihm wegbewegt. Weniger gut reagiert er, wenn die Bewegung im rechten Winkel zu seiner Achse erfolgt. Damit hat er genau den gegenteiligen Schwachpunkt des Infrarot-Bewegungsmelders, der die Bewegung im Raum oft sehr spät oder gar nicht erkennt, wenn sie direkt in seine Richtung erfolgt.

Mikrowellen-Bewegungsmelder. Dieser Melder hat einen keulenförmigen Erfassungsbereich und funktioniert ähnlich wie der Ultraschall-Bewegungsmelder. Die von einem Sender ausgestrahlten Mikrowellen werden von allen Gegenständen im Raum reflektiert und von einem Sender aufgenommen, der sie mit der abgestrahlten Frequenz vergleicht. Verändert sich etwas im Raum, wird das vom Empfänger registriert und Alarm ausgelöst. Um die Erfassungscharakteristik in der Form des überwachten Bereiches und die Schwächen durch die Richtung der Bewegung zu optimieren, werden beide Systeme zu einem Dual-Bewegungsmelder vereint: Damit erfolgt ein möglichst schnelles und präzises Erkennen aller Bewegungen im Raum. Außerdem können sich die Überwachungsfelder besser ergänzen – zum kegelförmigen Feld des Infrarot-Bewegungsmelders kommt das ellipsenförmige des Ultraschall-Bewegungsmelders oder der Überwachungskegel des Mikrowellen-Bewegungsmelders. Moderne und höherwertige Alarmanlagen ermöglichen eine differenzierte Innenraumüberwachung, was deren Einsatzmöglichkeiten erhöht. Durch die Unterteilung in Meldegruppen, in denen eine bestimmte Anzahl von Meldern zusammengefasst wird, kann das Gebäude in verschiedene Meldebereiche aufgeteilt werden. Somit lassen sich bestimmte Bereiche des

Elektronischer Schutz

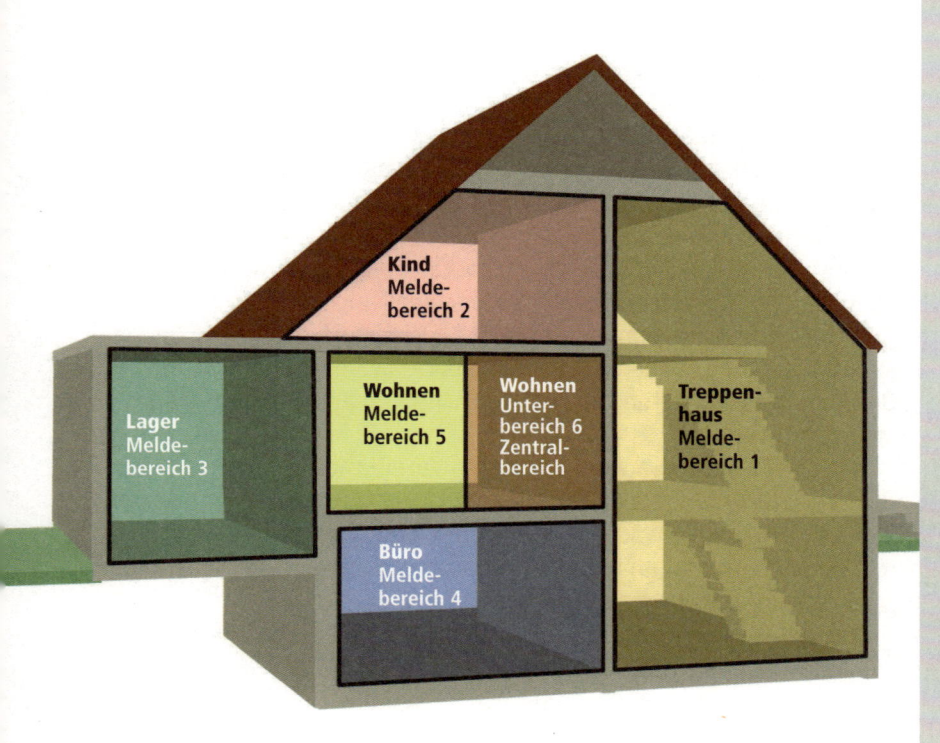

Kind Meldebereich 2
Lager Meldebereich 3
Wohnen Meldebereich 5
Wohnen Unterbereich 6 Zentralbereich
Treppenhaus Meldebereich 1
Büro Meldebereich 4

Die Unterteilung in Meldegruppen ermöglicht es, ein Gebäude in verschiedene Meldebereiche einzuteilen. So können bestimmte Räume aktiv überwacht und andere gleichzeitig unscharf gestellt werden

Gebäudes aktiv überwachen, während andere unscharf gestellt sind. So können, während Sie sich etwa abends in den Wohnräumen aufhalten, Keller und Stiegenhaus sowie andere exponierte Räume scharf gestellt und daher überwacht werden. (Allerdings sollten Sie auch daran denken, wenn Sie in den Keller gehen, um sich eine Flasche Wein zu holen!) Die Unterteilung in Meldegruppen ist auch ideal für die Kombination von Außenhautschutz und Innenraumüberwachung. Bestimmte Melder können an der Außenhaut ebenso zu einer Meldegruppe zusammengefasst werden wie einzelne Räume oder Bereiche des Hauses im Inneren. Höherwertige Alarmzentralen unterscheiden nicht nur, in welchem Meldebereich der Alarm ausgelöst worden ist, sondern sie orten auch, wo genau und wodurch (z.B. durch das Öffnen einen Fensters, Sabotage an Kontakten oder Bewegungen in einem der überwachten Räume).

Objekt- und Fallenüberwachung, Tresore

Nicht in jedem Haus hängen teure Gemälde an der Wand oder werden besondere Schätze gelagert. Aber auch Schmuck, Bargeld, Sparbücher und Wertgegenstände, die sich schnell zu Geld machen lassen, sollten Sie sicher verwahren.

Um teure Gemälde, Vitrinen mit Wertgegenständen oder wertvolle Sammlungen aller Art zusätzlich vor kriminellem Zugriff zu bewahren, kann die Installation von gezieltem Objektschutz sinnvoll sein. Zur Objektüberwachung können z.B. Bildermelder – sie geben Alarm, wenn das Bild aus der Verankerung genommen wird – oder Körperschallmelder eingesetzt werden.

Wertobjekte gezielt schützen

Durch Fallenüberwachung kann der Alarm schon etwas früher ausgelöst werden, noch bevor der Täter direkt den Gegenstand entwenden kann. Die Fallenüberwachung sichert mit Lichtschranken, Bewegungsmeldern oder Kontaktmatten jene Bereiche, in die der Dieb eindringen muss, um an seine Beute zu gelangen.

Ein guter Schutz sind Tresore. Im Fall des Falles halten sie die Täter zumindest auf. Allerdings müssen es richtige Tresore sein und keine abschließbaren Kassetten, die einfach mitgenommen und dann in Ruhe geknackt werden können. Ausführliche Informationen zum Thema Tresor finden Sie ab ▶ Seite 67.

Lockangebot

Oft ist bei einem Einbruch der Schaden, den die Täter durch Verwüstung und Zerstörung anrichten, höher als der Wert der gestohlenen Gegenstände – mitunter eine Frustreaktion, wenn sie nicht ausreichend fündig wurden. Da kann ein psychologischer Trick helfen: Platzieren Sie etwas Geld und gut gemachte Schmuckimitate an leicht auffindbaren Stellen. So haben die Täter rasch den Eindruck, dass ihr „Bruch" schon erfolgreich war, und ziehen hoffentlich ab, ohne sich an der Einrichtung Ihres Domizils abzureagieren.

Elektronischer Schutz

Kabel oder Funk

Damit eine Alarmanlage funktioniert, muss es natürlich eine Verbindung zwischen allen Meldern, der Alarmzentrale und den Signalgebern geben. Ob diese aus Kabeln oder einer Funkleitung besteht, ist nicht nur eine Geschmacksfrage oder eine Frage der Sicherheit, sondern auch eine der Gegebenheiten und der damit verbundenen Kosten. Beim Einbau einer Einbruchmeldeanlage in ein bestehendes Objekt ist die komplette Verkabelung ziemlich aufwendig und dementsprechend kostspielig. Schließlich müssen etwa bei einer Außenhautüberwachung von der Alarmzentrale Leitungen zu allen Meldern gelegt werden, also vom Keller- bis zum Dachfenster.

Da es ein Gebot der Sicherheit ist, Leitungen vor Sabotage zu schützen, sollten diese unter Putz verlegt werden – was nicht nur zu erheblicher Lärm- und Schmutzbelastung durchs Aufstemmen und Verputzen führt, sondern auch die Zahl der Arbeitsstunden der ausführenden Handwerker deutlich erhöht. Bei einer durchschnittlichen Anlage in einem Einfamilienhaus müssen Sie mit 20 Arbeitsstunden rechnen – exklusive der Kosten für die eigentliche Alarmanlage.

Funkanlagen haben zwar in den vergangenen Jahren stark aufgeholt, was ihre Funktions- und Sabotagesicherheit betrifft, dennoch gelten sie unter Experten nur als zweitbeste Lösung.

Profi-Einbrecher wissen, wie man mit Funkstörgeräten umgeht. Diese sogenannten Jammer (sprich: „Dschämmer") sind zwar illegal, im Internet aber dennoch aus dubiosen Quellen erhältlich. Sie überlagern das Signal der Alarmanlage und setzen sie außer Gefecht. Die Alarmanlage

Funkanlagen sind billiger und daher bei den Konsumenten stark gefragt

Zwei Funkfrequenzen

Funkalarmsysteme arbeiten in zwei Frequenzbereichen, nämlich auf 433 (ISM-Band) und 868 MHz (Megahertz). Das bietet auch Schutz vor Sabotage: Wird bei modernen Funkanlagen der eine Frequenzbereich gestört, kann der andere noch arbeiten. Um gegen breitbandige Störungen abgesichert zu sein, muss ein möglichst großer Frequenzabstand zwischen den beiden Funkleitungen gewählt werden.

sendet zwar vielleicht ein Störungssignal, dieses wird aber von der Meldezentrale nicht mit gleicher Priorität behandelt wie ein echter Alarm. Bis die Funkstörung vom Betreiber bemerkt wird, sind die Einbrecher mit ihrer Beute bereits über alle Berge.

Bedenken Sie vor der Installation einer Funkalarmanlage auch, dass die Reichweite der Anlage begrenzt ist und es möglicherweise Störungen (auch Funkschatten) im Bereich der geplanten Frequenz geben kann, die eine einwandfreie Verbindung zwischen Zentrale und allen Meldern beeinträchtigen. Bei den Betriebskosten fällt ins Gewicht, dass die Stromversorgung ausschließlich über Batterien erfolgt, die regelmäßig erneuert werden müssen.

Zusammenfassend lässt sich Folgendes sagen: Wenn Sie die Möglichkeit haben, bereits bei der Errichtung eines Hauses die Leitungen für die Alarmanlage zu verlegen, ist das optimal und daher zu empfehlen. Beim Nachrüsten von Gebäuden haben sich, nicht zuletzt aus Kostengründen, Funkanlagen am Markt durchgesetzt. Wenn Sie sich dafür entscheiden, sollte diese zumindest das VSÖ-Gütesiegel tragen. Eine Funkanlage ist in vielen Fällen zweifelsohne ein guter Kompromiss, Sie müssen aber Abstriche bei der Sicherheit machen.

Fehlalarme, Sicherheitsdienste

Meistens werden die Fehlalarme von den Betreibern der Alarmanlage selbst verursacht: durch das unbedachte Öffnen eines Fensters, das Betreten eines überwachten Raumes oder wenn beim Betreten des Hauses vergessen wird, die Alarmanlage unscharf zu stellen. Fehlalarme haben zwei unangenehme Folgen:

- **Sie stumpfen ab.** Die Nachbarn werden nach dem dritten Losheulen der Sirene und der Kunde, es habe sich um einen Fehlalarm gehandelt, beim nächsten Mal wahrscheinlich gar nicht mehr aus dem Fenster schauen – in der Annahme, es handle sich ohnehin wieder um einen Bedienungsfehler.
- **Sie kosten Geld.** Ist Ihre EMA mit der Polizei verbunden, löst jeder Alarm einen kostenpflichtigen Polizeieinsatz aus. Auch

Elektronischer Schutz

eine Alarmmeldung vom Nachbarn löst einen kostenpflichtigen Polizeieinsatz aus.

Bei der Planung einer EMA muss auch die Art der Alarmverfolgung einbezogen werden. Sie legt fest, was im Fall eines Fehlalarms geschieht oder noch möglich ist. Beim herkömmlichen Alarm mit analogem Telefonwahlgerät (TWG) wählt dieses die vorher festgelegten Telefonnummern und spielt den aufgesagten Text ab. Es gibt keine weiteren Möglichkeiten, zu verifizieren, ob ein Angriff stattgefunden hat. Bei einer Einbindung der Polizei in die Alarmverfolgung lässt sich auch der Polizeieinsatz im Fall eines rechtzeitig bemerkten Fehlalarms nicht mehr rückgängig machen.

Die digitale Nachrichtenübermittlung lässt da schon mehr Möglichkeiten zu und kann Details an die Alarmzentrale schicken, an denen sich überprüfen lässt, ob tatsächlich ein Einbruch vorliegt. Natürlich stellt das auch höhere technische und elektronische Anforderungen an die EMA und vor allem an Alarmzentrale und Übertragungseinheit.

Zu beachten für eine verfeinerte Alarmverfolgung auf Basis digitaler Datenübermittlung ist: Als TWG ist in diesem Fall ein AWAG (automatisches Wähl- und Ansagegerät) ungeeignet. Sie müssen sich für ein AWUG (automatisches Wähl- und Übertragungsgerät) entscheiden. Und überlegen, wer die Stelle ist, die den Alarm entgegennehmen und darauf reagieren soll.

Wie der Alarm übermittelt wird

Polizei oder Sicherheitsdienst?

Auch diese Entscheidung sollte erst nach einem ausführlichen Beratungsgespräch mit dem Alarmanlagenerrichter gefällt werden. Oft arbeiten die Firmen mit einem privaten Sicherheitsdienst zusammen oder sie betreiben selbst einen. Privatfirmen sind auf diesen Sektor spezialisiert und daher auch punkto Übertragungstechnik auf dem neuesten Stand.

Hier ein paar wesentliche Unterschiede zwischen privaten Sicherheitsdiensten und der Polizei:

Alarmreaktion. Bei der Polizei gibt es nur Sprachbenachrichtigung. Es werden keine Details zum Alarm auf einem Computerbildschirm ersichtlich (z.B., welche Meldelinie, welcher Melder Alarm ausgelöst hat). Bei der Polizei gibt es immer eine Reaktion (Ausrücken), bei einem Sicherheitsdienst (SD) kann der Alarm mit einem Codewort verifiziert und abgebrochen werden. Wichtig ist auch, dass Mitarbeiter eines SD nach einem Alarm, bei dem trotz Überprüfung keine Hinweise auf einen Einbruch ersichtlich sind, mit einem Schlüssel in das Gebäude gelangen können, um festzustellen, ob es einen Überfall gibt. Außerdem sind sie in der Lage, im Fall eines Fehlalarms die Anlage wieder scharf zu stellen. Bei der Polizei kann kein Schlüssel hinterlegt werden, die Überprüfung auf einen Überfall daher nicht stattfinden.

Fehlalarme kosten Geld

Kosten. Die Verbindung zur Polizei kostet an sich nichts, allerdings werden Fehlalarme verrechnet. Die Kosten dafür betragen (Stand: Mai 2017) mindestens 131 Euro. Hat man es verabsäumt, Datenänderungen (z.B. neue Telefonnummer) bekannt zu geben, werden sogar 218 Euro fällig. Antragsformulare für die Verbindung zur Polizei sind in den Polizeiinspektionen erhältlich. Sicherheitsdienste kosten pro Monat rund 20 Euro; ein Alarm kommt auf etwa 45 Euro, wenn Mitarbeiter ausgerückt sind. Wurde der Fehlalarm rechtzeitig abgebrochen, wird nichts verrechnet.

Technische Details. Die digitale Verbindung zwischen Alarmzentrale und der Überwachungszentrale des SD bietet natürlich auch mehr Möglichkeiten, die EMA individuell zu betreuen und auf technische Details zu reagieren. Sie können z.B. Audio- und Videoinformationen von vor Ort auswerten und so einen Alarm verifizieren. Überwachungszentralen erkennen durch die ständige elektronische Überwachung der EMA Fehlfunktionen wie Ausfall der Telefonleitung, Stromausfall, wenig Strom in den Batterien oder Sabotage bzw. Sabotageversuche. Außerdem kann die EMA von der Einsatzzentrale ein- und ausgeschaltet und für besondere Erfordernisse (z.B. Urlaub des EMA-Betreibers) individuell konfiguriert werden.

Kategorien

Alarmanlagen sind in Österreich nach Kategorien geordnet; je nachdem, welches Objekt zu schützen ist. Für private Haushalte gelten verständ-

Elektronischer Schutz

licherweise geringere Anforderungen als für Geschäftslokale oder Bankfilialen. Der VSÖ hat einen Kriterienkatalog für fünf Risikoklassen ausgearbeitet, die von einem sogenannten Privat/Standard über den Gewerbestandard bis zu Werteschutz und Hochsicherheit reichen. Natürlich können einzelne Bereiche auch miteinander kombiniert werden, etwa Privat/Standard mit Werteschutz. Zusammengefasst sind diese Kriterien in der OVE-Richtlinie R2, die beim VSÖ (Adresse ► Seite 182) auch von Privatpersonen bezogen werden kann. Hier ein Überblick über die Leistungsmerkmale und Mindestanforderungen in den jeweiligen Klassen:

Fünf Risikoklassen

Privat/Standard (PS). EMA dieser Risikoklasse verfügen über einen einfachen Schutz gegen Überwindungsversuche im scharfen Zustand. Raumschutz und Überwachung der Zugänge mit Schalteinrichtungen auf Öffnen. Es wird angenommen, dass Einbrecher geringe Kenntnisse über Einbruchmeldeanlagen haben und nur begrenzt über leicht zugängliche Werkzeuge verfügen. Der bevorzugte Einsatz sind Wohnungen und Einfamilienhäuser.

Gewerbestandard – Niedrig (GS-N). Mittlerer Schutz gegen Überwindungsversuche im scharfen und unscharfen Zustand. Raum- und Objektschutz und Überwachung aller Zugänge auf Öffnen. Es wird angenommen, dass Täter begrenzte Kenntnisse über Einbruchmeldeanlagen haben und nur begrenzt über leicht zugängliche Werkzeuge verfügen. Der bevorzugte Einsatzbereich sind Handels-, Gewerbe- und Produktionsbetriebe mit geringem Risiko sowie ohne erforderlichen erhöhten Werteschutz.

Gewerbestandard – Hoch (GS-H). Ebenfalls mittlerer Schutz gegen Überwindungsversuche im scharfen und unscharfen Zustand. Raumschutz und permanente Überwachung der Zugänge auf Verschluss und Öffnen sowie von Schaufenstern, Fenstern/Fenstertüren einschließlich Oberlichten und Lichtkuppeln auf Öffnung und Durchstieg. Es wird angenommen, dass Täter Kenntnisse über Einbruchmeldeanlagen haben und über leicht zugängliche Werkzeuge verfügen. Der bevorzugte Einsatzbereich sind Handels-, Gewerbe- und Produktionsbetriebe mit mittlerem Risiko sowie ohne erforderlichen erhöhten Werteschutz.

Werteschutz (WS). Erhöhter Schutz gegen Überwindungsversuche im scharfen und unscharfen Zustand. Raum- und Außenhautschutz inklusive Bildaufzeichnung. Es wird angenommen, dass Einbrecher mit Einbruchmeldeanlagen vertraut sind und außerdem über einen umfassenden Bestand von Werkzeugen und elektronischen Einrichtungen verfügen. Einsatzbereiche sind Einrichtungen und Objekte mit einem erhöhten Risiko oder erhöhtem Schutzwert.

Hochsicherheit (HS). Hoher Schutz gegen Überwindungsversuche im scharfen und unscharfen Zustand. Es wird angenommen, dass Einbrecher die Fähigkeit und die Hilfsmittel besitzen, einen Einbruch bis ins Detail zu planen, und über einen vollen Bestand von Werkzeugen sowie elektronischen Einrichtungen verfügen, einschließlich Mittel zum Austausch wichtiger Teile der Einbruchmeldeanlage. Sicherheitsrelevante Funktionen werden permanent überwacht und mit anderen Sicherheitseinrichtungen (Videoüberwachung, Zutrittskontrolle) durch ein umfassendes Schutzkonzept abgestimmt. Einsatzbereiche sind Objekte, bei denen mehrere unterschiedliche Sicherheitsanlagen zusammenwirken, die abgestimmte Planung und ein eigenes Sicherheitskonzept benötigen.

Überfall (Ü). Diese Erweiterungsmaßnahme für Personenschutz kann in jeder Risikoklasse eingesetzt werden. Dabei werden zusätzlich Überfallmelder und Videoaufzeichnungssysteme, unter Berücksichtigung des Datenschutzgesetzes und der OVE-Richtline R 9 in der jeweils gültigen Fassung, gefordert. Überfallalarm darf nur als stiller Alarm abgesetzt werden und keinesfalls als Externalarm durch z.B. Außensignalgeber akustisch, Innensignalgeber akustisch u. dgl. erfolgen. Vorhandene optische Anzeigen sowie sonstige gleichbedeutende Anzeigen dürfen für einen Täter nicht wahrnehmbar sein.

Überbrückungszeit der Stromversorgung. Bei Ausfall des Versorgungsnetzes muss der dauernd uneingeschränkte Betrieb der EMA für mindestens 12 Stunden in der Risikoklasse PS und 60 Stunden in allen anderen Risikoklassen durch Batterieversorgung sichergestellt sein.

Kosten

Sicherheit ist nicht billig, und bei der Anschaffung einer Alarmanlage sollten Sie das Kosten-Nutzen-Verhältnis im Auge behalten. Steht der Preis in einer vernünftigen Relation zu den Werten, die es zu schützen gilt? Es ist schwer, bezüglich der Errichtungskosten eine seriöse Aussage zu treffen, da sich die Summe nach dem Umfang der Anlage richtet. Auch Qualität und Ausführlichkeit der Beratung fließen mit ein. Lässt man billige Selbstbau-Sets aus dem Supermarkt beiseite, so muss man für eine vom Fachmann eingerichtete Anlage zumindest mit einem niedrigen vierstelligen Eurobetrag rechnen. Nach oben sind natürlich kaum Grenzen gesetzt.

Wichtig ist auf jeden Fall, dass Sie vor Vertragsabschluss auch die Kosten für die regelmäßige Wartung abklären. Eine EMA sollte einmal pro Jahr vom Fachmann überprüft werden, im Idealfall vom Hersteller bzw. Anlagenerrichter.

Installationsattest

Lassen Sie sich auf jeden Fall ein Installationsattest gemäß OVE-Richtlinie R2 ausstellen. Das Installationsattest ist ein Dokument, welches von einer in Österreich gemäß Gewerbeordnung befugten Errichterfirma ausgestellt wird, um die Richtlinienkonformität einer installierten Anlage (z.B. Einbruchmeldeanlage) zu bescheinigen. Das Installationsattest kann der Versicherung zur Risikobewertung dienen. Wird von den jeweils gültigen Richtlinien für Einbruchmeldeanlagen abgewichen, so darf dies nur in Abstimmung mit dem Betreiber erfolgen. Diese Abweichungen müssen im Installationsattest schriftlich begründet sein und die Ersatzmaßnahmen müssen dokumentiert werden.

Klassiker Wachhund

Technik schön und gut – aber wie sieht es als Alternative mit einer lebenden Alarmanlage aus? Gemeint ist der bewährte Wachhund, der über Jahrhunderte ungebetene Besucher abschreckte. Noch heute steht der Vierbeiner als Bollwerk gegen Einbrecher bei vielen Zeitgenossen hoch im Kurs. Völlig zu Recht: Die abschreckende Wirkung eines Hundes ist laut kriminalpolizeilicher Statistik mindestens so groß wie die einer sichtbar montierten Alarmanlage. Aufkleber am Zaun der Marke „Vorsicht, bissiger Hund!" oder eine Hundehütte im Garten lassen viele Täter einen weiten Bogen um das Objekt machen. Kein Einbrecher ist darauf erpicht, dass lautes Gebell die gesamte Nachbarschaft neugierig macht. Und schon gar nicht will er die schmerzhafte Begegnung mit einem Hund riskieren, der den Besitz seines Herrls verteidigt.

Es spricht also einiges für einen Hund zur Verbrecherabwehr. Doch bevor Sie sich einen solchen Gefährten anschaffen, müssen Sie ein paar wesentliche Fragen klären: Hat der Hund genug Platz (etwa in einer kleinen Stadtwohnung) und genug Auslauf; oder gibt es jemanden, der mehrmals täglich mit dem neuen Mitbewohner Gassi geht? Jemanden, der – bei einer bewegungsfreudigen Rasse – ausgedehnte Spaziergänge macht oder gar mit dem Hund joggt? Haben Sie ein Haus mit Garten, sollten Sie bedenken, dass der Hund sein Geschäft im Garten verrichtet und die Zäune dicht sein müssen. Nachbarn können auch gereizt auf häufiges Bellen reagieren.

Mit dem Wachhund gegen Diebe

Ein Hund ist ein soziales Wesen, das sich strikt einer Hierarchie unterordnet. Seine Rudelmitglieder sind die Mitbewohner von Wohnung oder Haus, sein Leittier ist Herrchen oder Frauchen, die er ebenso wie sein Territorium beschützt. Um aus einem Hund einen Wachhund zu machen, muss er speziell ausgebildet werden. Das geht weit über eine durchschnittliche Hundeerziehung hinaus, bei der oft schon das Befolgen der Grundkommandos genügt. Ein ausgebildeter Wachhund muss Eindringlinge nicht nur stellen, er muss auch auf Kommando zupacken und wieder loslassen.

Was tun im Urlaub?

Hunde sind Lebewesen. Sie brauchen nicht nur regelmäßige Zuwendung, sondern sie müssen auch erzogen/ausgebildet, versorgt und versichert werden. Die dadurch entstehenden Kosten sollten Sie nicht unterschätzen. Denken Sie auch daran: Was tun mit dem Hund, wenn Sie verreisen? Dann brauchen Sie nicht nur jemanden, der den Hund versorgt.

Elektronischer Schutz

Hunde mit Charakter

Hund ist nicht gleich Hund. Jede Rasse hat ihre Eigenheiten und eignet sich daher mehr oder weniger gut als Wachhund. Völlig unterschätzt wird der Pudel, der zu den intelligentesten und schnellsten Hunderassen zählt. Allerdings braucht er viel Pflege und ist entgegen seinem Image ein Streuner und Jäger. Schäferhunde gelten als klassische Wachhunde, stellen aber hohe Anforderungen an die Besitzer und müssen ständig beschäftigt werden. Schnauzer sind draufgängerisch und lebhaft, was ihre Haltung in der Wohnung problematisch macht. Terrier folgen gerne ihrem Jagdinstinkt, was das Abrichten zum Wachhund erschwert. Der wahre Einbrecherschreck sind Rottweiler. Sie sind kräftig und bullig. Sie haben allerdings einen schlechten Ruf, weil sie als gefährlicher „Kampfhund" gelten. Richtig erzogen sind sie durchaus familientauglich, sie streunen und wildern nicht. Es muss aber nicht unbedingt ein Rassehund sein. Mischlinge erweisen sich oft als intelligenter und leichtführiger als Hunde mit Stammbaum.

Gleichzeitig offenbart sich hier die große Schwachstelle dieser Art von Alarmanlage: Meist kommt der Hund während des Urlaubs oder anderer längerer Abwesenheiten mit oder er wird in Pflege gegeben – er kann also nicht machen, wofür er (auch) angeschafft wurde: das Territorium (sprich: Grundstück, Haus oder Wohnung) vor unerwünschten Eindringlingen schützen.

Hundertprozentigen Schutz gibt es auch durch einen Hund nicht. Wird trotzdem eingebrochen, können die Folgen dramatisch sein. Verfügen die Täter über genügend Kaltblütigkeit, werden sie nicht davor zurückschrecken, den Hund außer Gefecht zu setzen – was heißt, ihn zu töten. Dann kommt zum Schock des Einbruchs auch noch der Verlust eines Lebewesens, das einem ans Herz gewachsen ist.

Förderungen

Wer seine Wohnung mit mechanischen oder elektronischen Sicherungen ausstattet, kann sich unter Umständen Geld von der öffentlichen Hand zurückholen. Typisch österreichisch: Es gibt leider keine bundesweite

Jedes Bundesland kocht sein eigenes (Förder-) Süppchen

Regelung, sondern jedes Bundesland kocht sein eigenes Süppchen. In einigen Bundesländern, nämlich in Vorarlberg, Tirol und Kärnten, gibt es derzeit gar keinen Zuschuss für Sicherheitsmaßnahmen. In den anderen fallen Art und Höhe der Förderung unterschiedlich aus. Außerdem sind manche Förderaktionen zeitlich begrenzt. Der folgende Überblick spiegelt den Stand zum Erscheinungstermin dieses Buches wider (Sommer 2017).

Burgenland

Dem Burgenland sind sicherheitstechnische Verbesserungen mechanischer und elektronischer Natur bis zu 2.000 Euro wert. Der Antrag muss spätestens 6 Monate nach Einbau oder Inbetriebnahme erfolgen. Die ausführenden Firmen müssen über eine entsprechende Konzession verfügen und den fachgerechten Einbau nachweisen.

Der Zuschuss beträgt 30 Prozent der Errichtungskosten bis zu den in der Folge genannten Höchstgrenzen:

- 1.000 Euro für eine Alarmanlagen nach ÖVE/ÖNORM 50131-1
- 1.500 Euro für eine Alarmanlage mit Videoüberwachungsanlage
- 500 Euro für die Aufrüstung einer bereits bestehenden Alarmanlage mit Video
- 2.000 Euro für eine Alarmanlage plus Video in Kombination mit einer Sicherheitstür

Nähere Informationen und Antragsformulare gibt es auf den Gemeindeämtern sowie beim Amt der Burgenländischen Landesregierung, Abteilung 3 – Finanzen, Hauptreferat Wohnbauförderung, Europaplatz 1, 7000 Eisenstadt, Tel. 05 7600-2800.

Niederösterreich

Das Land NÖ schüttet seit 1. April 2017 wieder Geld im Rahmen der Wohnbauförderung aus. Die Aktion gilt vorerst bis Jahresende 2018. Gefördert werden folgende Maßnahmen bei Eigenheimen, Reihenhäusern und Wohnungen mit 30 Prozent der Investitionskosten, maximal jedoch in der nachstehend genannten Höhe:

Elektronischer Schutz

- Elektronischer Schutz: Einbau einer Alarmanlage bis max. 1.000 Euro.
- Mechanischer Schutz: Einbau einer einbruchhemmenden Tür (mindestens Widerstandsklasse 3) bis max. 1.000 Euro.

In Kombination erhält man also im günstigsten Fall 2.000 Euro vom Land ersetzt. Um in den Genuss der Förderung zu kommen, muss allerdings eine Reihe von Voraussetzungen erfüllt sein.

- Alarmanlagen müssen den VSÖ- oder VDS-Richtlinien, der EN 50130, der EN 50131 oder der OVE-Richtlinie R2 entsprechen.
- Sicherheitseingangstüren müssen der ÖNORM B 5338 oder der EN 1627 entsprechen und eine Widerstandsklasse von mindestens 3 aufweisen.
- Die Alarmanlage bzw. die Sicherheitseingangstür muss von einem befugten Unternehmen eingebaut werden.
- Das ausführende Unternehmen bestätigt den fachgerechten Einbau und die Einhaltung der entsprechenden Normen.
- Der Antragsteller hat dafür zu sorgen, dass alle erforderlichen Zustimmungserklärungen (Hauseigentümer, Mitbewohner) sowie allfällig erforderliche behördliche Bewilligungen für die Errichtung der Sicherheitsmaßnahmen eingeholt wurden.
- Zum Zeitpunkt der Antragstellung darf der Einbau/die Inbetriebnahme nicht länger als ein halbes Jahr zurückliegen.

Anträge können online gestellt werden unter http://noe.gv.at/Bauen-Wohnen/Wohnen/Sicheres-Wohnen/Antrag_sicheresWohnen.html. Förderbar sind nur dauernd bewohnte Hauptwohnsitze. Für Wochenendhäuser oder andere Zweitwohnsitze gibt es keine finanzielle Unterstützung.

Oberösterreich

Dieses Bundesland fördert den Einbau von Alarmanlagen in Eigenheimen, Eigentumswohnungen und Mietwohnungen mit 30 Prozent der Anschaffungskosten, höchstens jedoch mit 1.000 Euro. Die Anlagen müssen den ÖNORMEN EN 50130, EN 50131 und EN 50136 entsprechen und nach dem 1. Juli 2009 errichtet worden sein. Die Installation muss durch ein befugtes Unternehmen erfolgen, das den fachgerechten Einbau in einem Attest bestätigt.

Förderbar sind nur Hauptwohnsitze. Nicht gefördert werden Anlagen zur Videoüberwachung. Antragsformulare und weitere Infos: www.land-oberoesterreich.gv.at/86473.htm

Salzburg

Das Land Salzburg gewährt Privatpersonen Beiträge zu verschiedenen Sicherheitsmaßnahmen. Übernommen werden mindesten 15 Prozent der Kosten, die Höchstsumme beträgt 1.050 Euro. Das Gebäude muss mindestens fünf Jahre alt sein. Förderbar sind:

- Hauseingangstüren bei Einzelobjekten.
- Wohnungseingangstüren im mehrgeschossigen Wohnbau, die laut Zertifikat mindestens der Widerstandsklasse 3 nach ÖNORM B 5338 entsprechen.
- Neueinbau von Fenstern, Terrassen- oder Balkontüren oder der Austausch der alten Beschläge gegen solche mit versperrbarem Griff. Auch diese müssen der genannten ÖNORM genügen. Diese Fördermaßnahme gilt für Einzelobjekte und Wohnungen im Erdgeschoß.
- Alarmanlagen gemäß OVE-Richtlinie R2 mit Installationsattest des Errichters.
- Gegensprechanlagen.

Weitergehende Infos bei der Wohnberatung des Landes, Fanny-von-Lehnert-Straße 1, 5020 Salzburg, Tel. 0662 80 42-3000.

Steiermark

Im der Steiermark gibt es seit 1. Februar 2017 eine Sonderförderung für Alarmanlagen, Videoanlagen sowie Sicherheitstüren und -fenster. Die Aktion ist vorerst bis 31. Dezember 2017 befristet. Der Einmalzuschuss beträgt 25 Prozent der Investitionskosten, maximal jedoch 500 Euro. Es gelten folgende Voraussetzungen:

Elektronischer Schutz

- Mechanischer Schutz: Einbruchhemmende Türen und Fenster müssen die Widerstandklasse 2 gemäß ÖNORM EN 1627 erfüllen.
- Elektronischer Schutz: Alarmanlagen gemäß OVE-Richtlinie R2. Videoanlagen gemäß OVE-Richtlinie R9, nur in Verbindung mit einer Alarmanlage. Eine digitale Speicherung der Aufzeichnungen muss möglich sein.

Die ausführenden Unternehmen müssen eine entsprechende Gewerbeberechtigung haben und den fachgerechten Einbau bestätigen.

Die Unterlagen sind in der Informationsstelle der Fachabteilung Energie und Wohnbau, Landhausgasse 7, 8010 Graz, erhältlich oder im Internet unter www.wohnbau.steiermark.at > Wohnhaussanierung abrufbar. Das vollständig ausgefüllte Ansuchen und die erforderlichen Unterlagen können auch per E-Mail an wohnbau@stmk.gv.at übermittelt werden.

Wien

Die Stadt Wien unterstützt lediglich den Einbau einbruchhemmender Türen in Wohnungen. Die Wohnung muss mindestens 22 m² Nutzfläche haben und das Haus muss älter als 20 Jahre sein.

Bedingung für einen Zuschuss ist, dass die eingebaute Tür der Widerstandklasse 3 oder höher entspricht und nach ÖNORM B5338 geprüft und gekennzeichnet ist. Beim Einbau der Tür müssen alle Bestimmungen der Wiener Bauordnung und alle einschlägigen ÖNORMEN eingehalten werden. Das Rechnungsdatum darf höchstens 6 Monate alt sein. Ersetzt werden 20 Prozent der Investitionskosten, maximal 400 Euro pro Türflügel.

Wien fördert lediglich sichere Türen

Anträge sind an die Magistratsabteilung 50 zu stellen, weitere Infos und Formulare zum Herunterladen finden Sie auf der Seite www.wien.gv.at/amtshelfer/bauen-wohnen/wohnbaufoerderung/wohnungsverbesserung/eingangstueren.html

Nicht gefördert werden Eigenheime, Reihenhäuser, Kleingartenhäuser sowie der bloße Austausch von Schlössern.

Videoüberwachung

Betrachtet man die Entwicklung der vergangenen fünf bis zehn Jahre, kann man ohne Übertreibung von einem Videoboom sprechen. Gemeint ist in diesem Zusammenhang nicht das Filmen mit Handy oder Fotoapparat, sondern die Allgegenwart von Überwachungskameras. Speziell in großen Städten bekommt man leicht das Gefühl ständiger Überwachung. Nicht nur die Polizei oder die Verkehrsbetriebe sind hier sehr aktiv. Immer mehr Privatpersonen haben das Bedürfnis, ihr Sicherheitsgefühl durch Videoüberwachung zu erhöhen. Dass die Kameras immer kleiner und billiger werden, heizt diesen Trend wohl noch zusätzlich an.

Wer mit der Anschaffung einer Videoüberwachung liebäugelt, muss nicht nur technische Fragen klären, sondern sich unbedingt auch über die Rechtslage informieren. Denn nicht jeder darf Kameras nach Belieben montieren, geschweige denn deren Bilder aufzeichnen und speichern. Doch dazu später.

Bleiben wir vorerst bei der Technik. Ähnlich wie bei Alarmanlagen stellt sich die Frage: Kabel oder Funk? Vom Sicherheitsstandpunkt aus ist eine drahtgebundene Bildübertragung eindeutig vorzuziehen, da dadurch eine Manipulation von außen ausgeschlossen ist. Freilich ist eine Verkabelung teurer – überhaupt, wenn sie nachträglich erfolgt und nicht schon beim Bau des Hauses eingeplant wird.

Viel einfacher und billiger sind WLAN-Kameras, und diese werden daher von Privatpersonen bevorzugt. Ihr gravierender Nachteil: Sie sind stör- und hackeranfällig. Von der Straße her in ein ungeschütztes WLAN-Netz einzudringen, ist für Profis keine Kunst, und die vermeintliche Sicherheit verkehrt sich mitunter ins Gegenteil – wenn nämlich die Wohnung dadurch zum offenen Buch wird und die eigenen Kameras den Ganoven genau Auskunft über die Abwesenheit der Bewohner und über allenfalls lohnende Wertgegenstände liefern.

Normen und Richtlinien

Anders als bei Alarmanlagen gibt es im Video-Bereich keine zertifizierten Geräte. Man muss sich also auf die Angaben der Hersteller bzw. der An-

Videoüberwachung steht hoch im Kurs

Elektronischer Schutz

Selber basteln oder gleich zum Profi?

Wer die Angebote im Internet oder im Elektronikmarkt studiert, kommt ob der Vielfalt aus dem Staunen nicht heraus. Es wird suggeriert, dass jeder halbwegs talentierte Bastler in Eigenregie eine Videoüberwachung installieren kann, die alle Stückeln spielt. Zugegeben, Sets mit vier Kameras und Festplattenrecorder sind schon um ein paar Hundert Euro zu haben. Fachleute sehen solche laienhaften Lösungen skeptisch. Einbrecher sind schlau und erfahren – sie erkennen rasch allfällige Schwächen einer Überwachungsanlage, beispielsweise nicht erfasste Bereiche. Darum ist es wohl doch sicherer, für Planung und Einbau einen Profi beizuziehen.

lagenerrichter verlassen. Sehr wohl gibt es aber Normen, die festlegen, was Videoanlagen können müssen. Seit Kurzem ist eine neue europäische Norm für Sicherheitsanlagenerrichter in Kraft (EN 16763).

In Österreich gilt seit 2012 für Video-Überwachungsanlagen die OVE-Richtlinie R9. Diese Richtlinie regelt einen Mindeststandard. Sie ist nicht gleichzusetzen mit einer gesetzlichen Vorschrift; im Streitfall (Einbruch, Klage gegen Versicherung etc.) muss ein Sachverständiger feststellen, ob die Mindeststandards eingehalten wurden.

Richtlinie für Mindeststandards

Beabsichtigen Sie, eine Videoanlage installieren zu lassen, so sollten Sie im Vorfeld einige technische und organisatorische Fragen klären:

- Was soll überwacht werden: Wohnbereich, Garage, Außenbereich, Fluchtwege?
- Wann soll überwacht werden: rund um die Uhr, nur bei Abwesenheit oder im Anlassfall?
- Wie viele Kameras sind nötig?
- Welche Kameras und Objektive brauchen Sie?
- Wie erfolgt die mechanische Befestigung?
- Erfolgt eine Aufzeichnung und wenn ja, auf welchem Weg und mit welchem Medium?
- Werden nur Bilder aufgezeichnet oder auch Ton?
- Wie erfolgt die Übertragung der Signale – drahtgebunden oder kabellos?
- Wer sorgt für fachgerechte Montage und Wartung?

Lassen Sie sich vom Fachmann beraten!

All diese Fragen kann natürlich der Fachmann am besten beantworten und mit Ihnen ein Konzept erarbeiten. So ist garantiert, dass Sie eine Überwachungslösung bekommen, die Ihren Bedürfnissen entspricht und keine unbeabsichtigten Sicherheitslücken aufweist. Anbieter, die im Verband der Sicherheitsunternehmen Österreichs (VSÖ) organisiert sind, müssen besondere Qualitätsstandards erfüllen. Das betrifft sowohl die Qualität der Dienstleistung als auch die verwendeten Komponenten, die mit den entsprechenden EN-Normen konform gehen müssen. Diese Firmen stellen ein Installationsattest aus, in dem alle Bestandteile und Funktionen Ihrer Anlage aufgelistet sind. Sie sind erste Ansprechpartner bei der Einschulung aller befassten Personen und bei der Wartung Ihres Systems.

Kameratypen

Kameras für die Videoüberwachung gibt es in großer Zahl und in vielen Varianten. Je nach Einsatzort und -zweck sind unterschiedliche Typen zu empfehlen. Heute kommen de facto nur noch digitale Kameras in Betracht.

Analoge Überwachung ist nicht mehr zeitgemäß

Analoge Überwachungskameras gelten mittlerweile als „Steinzeit". Sie liefern schlechte Bild- und Tonqualität, und die analoge Aufzeichnung auf Band ist längst nicht mehr zeitgemäß. Sie haben in der Praxis kaum noch Bedeutung und werden nicht mehr hergestellt. Einen Vorteil haben diese analogen Systeme allerdings: Sie fallen nicht unter das Datenschutzgesetz, man muss sie daher nicht von der Behörde genehmigen lassen.

Digitaltechnik ist heute ohne Frage der Standard. Der Trend geht eindeutig zu technisch hochwertigen Kameras, die erstaunlich scharfe Bilder in hoher Auflösung produzieren. Die Speichermedien (Sticks, Speicherkarten, Festplattenrecorder) werden ebenfalls ständig verbessert und erreichen immer höhere Kapazitäten. Hier ein Überblick über die wichtigsten Bauarten:

Bullet-Kameras. Sie sind am auffälligsten und daher (scheinbar) am häufigsten vertreten. Die Montage erfolgt mit Wandarm. Man findet sie

Elektronischer Schutz

vorwiegend im öffentlichen Bereich (Parks, Bahnhöfe, Einkaufszentren etc.). Auch an der Fassade von Privathäusern werden sie gern angebracht. Neben der technischen Funktion haben sie eine starke psychologische Komponente: Sie wirken abschreckend auf potenzielle Straftäter, und zugleich vermitteln sie harmlosen Passanten ein höheres Sicherheitsgefühl. Ihr Schwachpunkt ist, dass der Überwachungsradius klar erkennbar ist und ein Verbrecher problemlos im toten Winkel operieren kann.

Dome-Kameras. Dome-Kameras (deutsch: Kamerakuppeln) sind im Design eher unauffällig. Häufig sind sie an der Decke angebracht, z.B. in öffentlichen Verkehrsmitteln. Das getönte halbrunde Glas, das die Linse abschirmt, lässt keine Rückschlüsse darauf zu, auf welchen Punkt die Kamera gerichtet ist. Zusätzlich lassen sich einige dieser Kameras neigen, zoomen und drehen, ohne dass das von außen erkennbar ist. Der Radius des Überwachungsgebietes wird dadurch deutlich ausgedehnt.

Netzwerkkameras. Dieser Kameratyp steht vor allem bei privaten Anwendern hoch im Kurs. Netzwerkkameras, auch WLAN-Kameras oder IP-Kameras genannt (IP steht für Internet Protokoll), erfordern allerdings gewisse Fertigkeiten im Umgang mit Computern und Kommunikationstechnologie. Sie sind im Grunde eine Weiterentwicklung herkömmlicher Webkameras. Allerdings benötigen IP-Kameras keinen PC als Zwischenschaltung, sondern sie liefern die Daten direkt ins Netzwerk. Dort können die Bilder dann live mit verschiedenen vorher festgelegten Lesegeräten betrachtet werden. Das kann Ihr Stand-PC sein, ein Laptop, ein Tablet oder Ihr Smartphone. Sie können sich also jederzeit aus beliebiger Distanz in Ihr Videosystem einklinken. Die dazu nötige Software wird meist schon mitgeliefert. Die Verbindung der Kamera mit dem Netzwerk erfolgt – wenn vorhanden – drahtlos über WLAN oder ganz konventionell über ein Kabel. Bei Bedarf kann die Kamera mit einem Mikrofon ausgerüstet werden. Ein zusätzliches Argument, das gern für die Anschaffung von Netzwerkkameras ins Treffen geführt wird, ist die Möglichkeit der – nennen wir es einmal so – Gewissensberuhigung. Sie können sich im Urlaub, während Sie einen Cocktail genießen, via Smartphone davon überzeugen, dass daheim der Herd abgedreht ist, das Licht nicht brennt und die Terrassentür fest geschlossen ist. Ob alle Familienmitglieder von

Immer mehr Kameras sind netzwerkfähig

der totalen Kontrolle so begeistert sind, ist wiederum eine andere Frage. Und was noch zu bedenken ist: Kein Netzwerk ist hundertprozentig sicher vor unbefugten Eindringlingen. So könnten die Kameras, die Sie eigentlich zu Ihrem Schutz montiert haben, Gaunern zum Ausspionieren Ihrer Wohnung und Ihrer Gewohnheiten dienen.

Minikameras. Die Miniaturisierung hat im Kamerabereich enorme Fortschritte gemacht. Minikameras bestehen lediglich aus einem Objektiv und einem Chip, aber ohne Gehäuse. Sie lassen sich gut getarnt in unterschiedlichste Gegenstände einbauen. Heimliche Überwachung wäre damit möglich – obwohl eigentlich verboten. Da von außen nicht erkennbar, haben Minikameras keine abschreckende Wirkung auf Einbrecher.

Infrarotkameras. Infrarotkameras ermöglichen eine Überwachung selbst bei völliger Dunkelheit. Sie sind mit Infrarot-Leuchtdioden ausgestattet, welche für das menschliche Auge unsichtbare Wellen ausstrahlen. Eine zusätzliche Beleuchtung der Umgebung ist daher nicht nötig. Allerdings ist die Reichweite begrenzt, sie liegt meistens bei 10 bis 30 Metern.

Bilder auch bei Dunkelheit

Wildkameras. Sie sind für den Einsatz in der freien Natur weitab menschlicher Siedlungen konzipiert. Entsprechend robust und wetterfest ist das Gehäuse. Die Stromversorgung erfolgt netzunabhängig mit Batterien, die Bilder (Fotos oder Videos) werden auf einer einschiebbaren Speicherkarte aufgezeichnet. Das besondere an Wildkameras sind die Sensoren: Ein Infrarotsensor erkennt aufgrund der Körperwärme, wenn sich ein Tier oder ein Mensch nähert, und die Kamera startet mit der Aufnahme. Deshalb wird dieser Typ auch Fallenkamera genannt. Das System funktioniert auch in der Nacht, dank spezieller Blitze, die für das menschliche Auge nicht sichtbar sind. Ursprünglich für Jäger zur Wildbeobachtung im Wald gedacht, werden sie von manchen Nutzern mittlerweile genauso zur Grundstücksüberwachung für Haus oder Garten eingesetzt.

Kameras für draußen. Kameras, die im Freien (Hausfassade, Gartenmauer etc.) montiert sind, müssen klarerweise besonderen Anforderungen genügen. Vor allem müssen sie wetterfest sein, sodass ihnen Nässe und Frost nichts anhaben können. Da gerade im Außenbereich

Elektronischer Schutz

Aufnahmen im Finstern wichtig sind, sollte das Gerät unbedingt über eine Nachtsichtfunktion mittels Infrarot verfügen. Bei der Montageposition ist darauf zu achten, dass die Kamera hoch genug befestigt ist, um nicht ohne Weiteres abgezwickt oder abgedeckt werden zu können. Und natürlich müssen Sie beim Anbringen von Außenkameras die gesetzlichen Vorschriften einhalten (► Seite 116).

Aufnahmequalität

Für die Qualität der Bildaufnahmen einer Videokamera ist primär der Sensor ausschlaggebend – ein lichtempfindlicher elektronischer Bauteil, der das Bild der realen Welt in digitale Signale umwandelt. Der übliche Standard sind sogenannte CMOS-Sensoren, die eine hohe Bildübertragungsrate garantieren. Solche Sensoren finden sich beispielsweise in allen modernen Fotokameras.

Sollen die Bilder für die Personenerkennung verwertbar sein, braucht man eine gute Bildauflösung. Zwei Megapixel für Fotos gelten als Minimum, besser sind 3 bis 5 Megapixel. Damit lassen sich Personen in einem Abstand bis zu 10 Metern noch gut darstellen – vorausgesetzt, die Lichtverhältnisse sind ausreichend. Je höher die Megapixelzahl, desto mehr Speicherkapazität ist erforderlich. Preislich sehr günstige Systeme arbeiten lediglich mit VGA-Auflösung (640 x 480 Pixel), womit man deutliche Abstriche bei der Bildqualität hinnehmen muss. Hochwertige HD-Kameras (High Definition) mit einer Auflösung von 1280 x 720 Pixel werden von Fachleuten eher empfohlen. Dafür muss man freilich tiefer in die Tasche greifen. Man wird aber mit auswertbaren Bildern sogar bei schlechtem Umgebungslicht belohnt.

Je höher die Bildauflösung, desto mehr Details sind erkennbar

Objektive

Ein weiterer wichtiger Baustein, der die Güte der Aufnahmen beeinflusst, ist das Objektiv. Es besteht aus einer ausgeklügelten Kombination geschliffener Linsen. Je besser das verwendete Glas, desto besser die Bildqualität. Die hat freilich ihren Preis. Das Objektiv regelt über eine Blende überdies die Menge des einfallenden Lichts.

Man unterscheidet Objektive nach ihrer Brennweite bzw. ihrem Aufnahmewinkel. Weitwinkelobjekte sind eher für einen Überblick gedacht und eignen sich weniger für Details. Teleobjektive mit hoher Brennweite erlauben die Beobachtung weiter entfernter Zonen oder liefern Detailaufnahmen. Zoomobjektive haben einen veränderlichen Aufnahmebereich. Extreme Weitwinkelobjektive (Fischauge) decken bis zu 180 Grad ab.

Steuerung und Aufzeichnung

Nicht immer ist es notwendig, dass eine Videoanlage dauernd in Betrieb ist und permanent aufzeichnet. Man kann die Überwachung beispielsweise auf die Nachtstunden einschränken oder auf die Zeit, in der man nicht zu Hause ist. Entsprechende programmierbare Systeme sind erhältlich. Ist die Kamera mit einem Bewegungssensor gekoppelt, erfolgt die Aufzeichnung nur, wenn das künstliche Auge etwas Ungewöhnliches wahrnimmt. Weiters sollte es die Möglichkeit geben, dass der Nutzer die Kamera manuell per Knopfdruck ein- oder abschaltet.

Von der Speicherkarte zur Wolke

Möglichkeiten der Datenspeicherung

Die Speicherung des von der Kamera aufgenommenen Materials kann auf verschiedene Medien erfolgen. Bei einigen Geräten werden Speicherkarten im SD-Format bereits mitgeliefert. Sinnvoll sind Karten mit 32 Gigabyte oder mehr. Eine andere Möglichkeit sind Festplattenrecorder mit einer Kapazität von bis zu einem Terabyte (= 1.000 Gigabyte). Da hat schon eine gehörige Menge an Daten Platz – das ist mehr, als ein Privatbetreiber je braucht. Ist die Kamera Bestandteil eines Netzwerkes, kann auch ein Computer, der sich im Netzwerk befindet, als Speicherort dienen. Und dann gibt es noch die Möglichkeit, die Aufnahmen passwortgeschützt in einer Cloud im Internet abzulegen.

Alarm und Bewegungserkennung für den besten Schutz

Ist eine Überwachungskamera mit einem Bewegungsmelder ausgestattet, erkennt sie automatisch, wenn sich vor ihrer Linse etwas bewegt.

Elektronischer Schutz

Das ist vor allem dann interessant, wenn sich üblicherweise zu einer bestimmten Uhrzeit (nachts oder am Wochenende) nichts und niemand dort aufhalten sollte. Der automatische Alarm setzt ein, wenn die Kamera feststellt, dass ein Bild dem anderen nicht mehr gleicht. Ob die Veränderung von Bedeutung ist oder nicht, kann die Kamera natürlich nicht entscheiden. Klassischerweise gibt es dann einen E-Mail-Alarm, der an den Nutzer der Anlage gesandt wird. Dieser muss beurteilen, ob die gemeldete Veränderung wichtig ist und eine Reaktion erfordert. Fehlalarme sind dabei nicht ausgeschlossen. Die Bewegungserkennung macht dann Sinn, wenn man ständig über mögliche Zwischenfälle auf dem Laufenden gehalten werden möchte. Wenn man selbst abwesend ist, z.B. im Urlaub, kann man trotzdem reagieren und Nachbarn und/oder die Polizei informieren.

Was Experten empfehlen

Zur Videoüberwachung gibt es also eine verwirrende Vielzahl von Komponenten und Techniken. Was davon ist in der Praxis empfehlenswert? Wir haben Experten des VSÖ befragt. Sie geben folgenden Rat für private Anwender:

- Verkabelte Systeme, weil sie sicherer gegen Manipulation sind.
- Bulletkameras (mit inkludierten Infrarot-Scheinwerfern), weil sie einfach zu bedienen sind.
- Eine Aufzeichnung, evtl. mit PC-Anschluss, um das Geschehen später nachvollziehen zu können.

Das System muss unbedingt mit einem Codewort gesichert sein. Sie sollten dafür keinesfalls Ihr Standardpasswort verwenden!
　　WLAN- oder Funkkameras sind aus Sicht der Profis nicht zu empfehlen. Sie sind zwar preisgünstig, erfüllen aber nicht die höchsten Sicherheitsstandards.

System mit einem Codewort sichern

Was ist erlaubt?

Doch nun zu den rechtlichen Aspekten. Hier ist zum einen das Recht auf Privatsphäre, zum anderen das Datenschutzgesetz von Belang. Je nachdem, ob die Kameras ausschließlich den eigenen Privatbereich im Visier haben oder nicht und ob die Bilder aufgezeichnet und gespeichert werden oder nicht.

Datenschutz und Meldepflicht

Derzeit (Stand Juli 2017) stellt sich die Gesetzeslage bei der Videoüberwachung wie folgt dar. Grundsätzlich müssen Videoüberwachungsanlagen mit Datenaufzeichnung bei der Datenschutzbehörde gemeldet werden. Sie dürfen erst dann in Betrieb gehen, wenn das Registrierungsverfahren positiv abgeschlossen wurde oder sich das Datenverarbeitungsregister (DVR) innerhalb von zwei Monaten nicht geäußert hat. Die Behörde entscheidet darüber, ob die beantragte Überwachung nicht dem Grundrecht auf Datenschutz widerspricht. Laut Gesetz muss ein „überwiegend berechtigtes Interesse" bestehen, etwa eine erhöhte Gefährdungslage aufgrund von Vorfällen in der Nachbarschaft. Formulare zum Herunterladen gibt es auf www.dsb.gv.at.

Wann die Datenschutzbehörde zustimmen muss

Ausnahmen

Es gibt einige wenige Ausnahmen von der Meldepflicht:

- Echtzeitüberwachung – d.h., die Überwachung erfolgt „live" auf einen Bildschirm, aber ohne Aufzeichnung.
- Speicherung auf analogen Speichermedien. Die Bänder müssen nach spätestens 72 Stunden gelöscht werden.
- Standardanwendungen. Klassischer Fall dafür ist ein bebautes Privatgrundstück samt Hauseingang und Garage. In diesem Fall ist auch die Speicherung der Daten (Speicherkarte, Stick, Festplatte etc.) erlaubt. Die aufgezeichneten Daten sind nach spätestens 72 Stunden zu löschen. Hinweis: Für bestimmte

Betriebe (Banken, Trafiken, Tankstellen, Juweliere, ...) gelten andere Definitionen von „Standardanwendung". Infos dazu auf der oben erwähnten Website der Datenschutzbehörde.

Strikt verboten ist für Private die Überwachung öffentlicher Flächen. Diese ist ausschließlich Behörden vorbehalten. Einzige Ausnahme ist der an die Hausmauer angrenzende Streifen des Gehsteigs (ca. 1 Meter), wenn es darum geht, Vandalismusschäden zu verhindern.

Gute Nachbarschaft

Besondere Vorsicht ist wie erwähnt beim Einsatz von Außenkameras geboten. Wird ein Teil des Nachbargrundstücks oder der Nachbarwohnung erfasst, so ist dies nur zulässig, wenn der Nachbar ausdrücklich zustimmt. Sogar wer mit einer Kamera-Attrappe auf Nachbars Refugium zielt, kann Schwierigkeiten bekommen: Der Oberste Gerichtshof gab einem Kläger recht, der sich in seiner Lebensführung eingeschränkt fühlte, weil er das Gefühl nicht loswurde, ständig unter Beobachtung zu stehen.

Nicht auf den Nachbarn zielen

Mitunter für Kopfschütteln sorgt die Praxis der Genehmigungen durch die Datenschutzbehörde, wenn es um den halb-öffentlichen Bereich geht, beispielsweise den Stiegenaufgang eines Mehrparteienhauses. Es genügt nicht, dass sich alle Wohnungseigentümer oder Mieter mit der Überwachung schriftlich einverstanden erklären. Die Datenschützer argumentieren, dass ja Briefträger, Rauchfangkehrer oder Stromzählerableser das Treppenhaus von Berufs wegen benutzen müssen. Daher wird in diesen Fällen in der Regel eine Überwachung nicht genehmigt. Die Polizei hingegen würde sich im Sinne der Verbrechensvorbeugung und der verunsicherten Hausbewohner eine weniger restriktive Handhabung wünschen.

Strikte Kennzeichnungspflicht

Auf jeden Fall müssen Videokameras, wo auch immer, deutlich gekennzeichnet sein. Theoretisch muss jede Person die Chance bekommen, dem überwachten Bereich rechtzeitig auszuweichen. Diese Vorschrift gilt

> **Wildkamera genehmigen lassen – ja oder nein?**
> Die Bestimmungen rund um die Videoüberwachung entbehren nicht gewisser Spitzfindigkeiten, wie sich anhand der erwähnten Wildkameras zeigen lässt. Werden diese tatsächlich zum Zweck der Tierbeobachtung angebracht, besteht keine Meldepflicht. Wenn sie hingegen zum Schutz von Eigentum, Leben und Gesundheit gleichsam zweckentfremdet werden, gibt die Bildqualität den Ausschlag. Scharfe Bilder, Erkennbarkeit allfällig aufgenommener Personen: Meldepflicht besteht. Unscharfe Bilder, Personen nicht identifizierbar: keine Meldepflicht. Eine Kennzeichnungspflicht besteht in jedem Fall.

sogar für Kamera-Attrappen! Immerhin müssen Attrappen, weil ja keine Datenaufzeichnung erfolgt, nicht der Behörde gemeldet werden.

Die Nichtbeachtung der Kennzeichnungspflicht kann teuer zu stehen kommen. Der Strafrahmen beträgt bis zu 10.000 Euro! Und denken Sie nicht, Sie würden schon nicht erwischt werden. In Wien sind selbst ernannte „Video-Sheriffs" unterwegs, die Verstöße dem Magistrat melden. Pro Anzeige kostet das bis zu 2.000 Euro – beim ersten Mal.

Privatsphäre und Arbeitsrecht

Abgesehen vom Datenschutz ist auf den Schutz der Privatsphäre (§ 1328a des Allgemeinen Bürgerlichen Gesetzbuches) zu achten. Zur Privatsphäre zählen nicht nur das eigene Haus, sondern überdies Hotelzimmer, Toiletten und Umkleidekabinen. Dort ist jegliche Kameramontage verboten. In Betrieben ist gemäß Arbeitsrecht die Zustimmung des Betriebsrates bzw. der einzelnen Mitarbeiter erforderlich, bevor ein technisches Kontrollsystem eingeführt wird.

Draußen vor der Wohnungstür ...

Sofern es den Wohnbereich betrifft, sind Videoanlagen zum Außenhautschutz in erster Linie für Hausbesitzer oder Grundstückseigner interessant. Es kann aber auch Fälle geben, in denen ein Wohnungsinhaber in

Elektronischer Schutz

Neues EU-Recht ab 2018

Mitte 2018 sollen neue EU-Richtlinien in Kraft treten. Wie sich diese auf die Gesetzeslage in Österreich konkret auswirken, ist derzeit noch nicht klar. Zu erwarten ist, dass die Einschränkungen durch den Datenschutz gelockert werden. Auf der anderen Seite dürften die Strafen deutlich erhöht werden.

einem Zinshaus in der Stadt den Eingang zu seinem Domizil unter optischer Kontrolle halten möchte. Wenn die Bilder aufgezeichnet werden, darf die Kamera lediglich den Bereich vor der eigenen Wohnungstür abdecken. Zufällige Stiegenhausbenutzer dürfen nicht erfasst werden. Ist lediglich in der Nähe der Klingel oder der Gegensprechanlage eine Kamera zur Gesichtskontrolle montiert, die das Bild des Besuchers ohne Aufzeichnung auf einen Kontrollmonitor im Inneren überträgt, ist das rechtlich zulässig.

Elektronischer Türspion

Ein simples, aber effektives Hilfsmittel ist der elektronische Türspion. Von außen sieht er aus wie ein normaler Spion, innen gleicht er einem an der Tür montierten Smartphone mit Bildschirm. Anders als herkömmliche Türspione kennt der elektronische keinen toten Winkel. Da keine Aufzeichnung erfolgt, ist das Gerät nicht genehmigungspflichtig.

Überwachung aus der Luft: Drohnen

Seit es kleine und leichte Videokameras gibt, haben diese zunehmend den Luftraum erobert. Rund 100.000 Flugroboter, landläufig Drohnen genannt, sind in Österreich unterwegs. Die meisten sind mit einer Kamera bestückt. Da wäre es naheliegend, diese auch zur Überwachung einzusetzen. Beispielsweise könnten sich die Bewohner einer Siedlung zusammentun und einen Hobbypiloten bitten, im Zuge der Nachbarschaftshilfe das Gebiet regelmäßig von oben unter Beobachtung zu halten. Doch Vorsicht: Nicht alles, was technisch möglich ist, ist auch erlaubt!

Erobern den Luftraum: Flugroboter mit Kamera

Bewilligungspflicht

Zwar gelten Kameraflüge mit Drohnen in der Regel nicht als Videoüberwachung im Sinne des Datenschutzgesetzes, doch hier kommt das heimische Luftfahrtgesetz zur Anwendung. Dieses besagt, dass Drohnen mit einer Leistung von mehr als 79 Joule (das entspricht in etwa einem Gewicht von 250 Gramm) eine Bewilligung der Luftfahrtbehörde Austro Control benötigen, sofern sie eine Kamera mit Aufzeichnungsmöglichkeit mit sich führen. Formulare zum Herunterladen finden Sie im Internet: www.austrocontrol.at/luftfahrtbehoerde/lizenzen_bewilligungen/flugbewilligungen/unbemannte_lfz

Fliegen ohne Bewilligung kann teuer kommen!

Dem Antrag muss eine Bestätigung über den Abschluss einer Versicherung beigefügt sein. Eine Bewilligung kostet mindestens 247 Euro und gilt für ein bis zwei Jahre. Es gilt eine Maximalflughöhe von 150 Metern im Umkreis von 500 Metern und im Sichtfeld des Piloten. Das Fliegen ohne Bewilligung ist mit einer Strafe von 22.000 Euro bedroht!

Überdies ist es Hobbyfliegern verboten, ihre Drohnen über besiedeltem Gebiet fliegen zu lassen. Dafür bräuchte man eine erweiterte Genehmigung, die Amateure im Normalfall nicht bekommen. Solche Flüge sind gewerblichen Anbietern vorbehalten, die dafür ausreichende Flugkenntnisse nachweisen müssen. Außerdem gibt es Flugverbotszonen, beispielsweise im Umkreis von fünf Kilometern von Flughäfen.

Ausnahmen von der Bewilligungspflicht

Ausgenommen von der Bewilligungspflicht sind kleine Spielzeugdrohnen, die unterhalb der erwähnten Leistungsgrenze von 79 Joule liegen – egal ob mit oder ohne Kamera. Wegen der geringen Flugdauer von rund fünf Minuten und der starken Windanfälligkeit sind sie freilich für eine handgestrickte Luftaufklärung nicht zu gebrauchen.

Ebenfalls ausgenommen von der Bewilligungspflicht durch die Austro Control sind Flugroboter, deren Kamera nur der Steuerung bzw. der Positionsbeurteilung durch den Piloten dient und die die Bilder nicht aufzeichnen, sondern nur live auf einen Bildschirm oder eine Videobrille übertragen. Aber auch mit diesen Drohnen darf man bewohntes Gebiet nicht überfliegen.

Elektronischer Schutz

Kamera am Armaturenbrett

Im Internet tauchen immer wieder Videos auf, die brenzlige oder kuriose Verkehrssituationen aus der Perspektive der Autoinsassen zeigen. Sie wurden mit einer Armaturenbrettkamera („Dashcam") aufgenommen. Solche Kameras sind in Österreich grundsätzlich verboten, wenn sie dazu verwendet werden, das Verkehrsgeschehen permanent aufzuzeichnen oder im Unglücksfall Beweismaterial zur Hand zu haben. Erlaubt ist es hingegen, für rein private Zwecke die eigene Reise zu filmen oder beispielsweise als Radfahrer mit einer Actionkamera eine spektakuläre Mountainbike-Abfahrt festzuhalten. Diese Videos darf man im Internet (Youtube, Facebook etc.) veröffentlichen, sofern alle identifizierbaren Personen zugestimmt haben. (Quelle: Datenschutzbehörde)

Resümee:
Vergessen Sie Drohnen als legales Mittel der Videoüberwachung

Manche Eigenheimbesitzer haben ein ungutes Gefühl, wenn eine Kameradrohne über ihrem Wohnsitz schwebt. Wer weiß, ob nicht Verbrecher diese neue Technik nutzen, um mögliche Einbruchsobjekte auszukundschaften.

Es ist zwar in Österreich noch kein einziger derartiger Fall bekannt, aber ganz von der Hand zu weisen ist die Möglichkeit nicht. Das Problem: Wenn Sie den Drohnenpiloten nicht erwischen, gibt es keine legale Möglichkeit, sich dagegen zu schützen.

Zutrittskontrolle: Sesam, öffne dich!

Eine weitere Form der elektronischen Überwachung sind Anlagen zur Zutrittskontrolle (kurz ZKA). Diese kombinieren mechanische Sicherungen mit elektronischen Komponenten. Auf diese Weise lässt sich der Kreis der Benutzer eines Objektes genau eingrenzen. Zugleich zeichnen die Anlagen auf Wunsch sämtliche Aktivitäten auf, sodass auch im Nachhinein erkennbar ist, wer wann welche Tür auf- oder zugesperrt hat.

Einsatzgebiete und Funktion

Sie kennen dieses System sicher aus Bürogebäuden oder Firmen. Für einzelne Wohnungen oder Einfamilienhäuser sind sie nur in Ausnahmefällen interessant. Sehr wohl einen deutlichen Sicherheitsgewinn bringen sie in Mehrparteienhäusern und Wohnhausanlagen. Auch private Vereine sichern sich mitunter auf diese Weise ab (z.B. ein Fotoklub sein Studio oder ein Fußballverein sein Klubhaus). Wenn Sie in einem Mehrparteienhaus leben, sollten Sie sich mit Ihren Nachbarn und der Hausverwaltung zusammenreden und die Investition in eine solche Anlage anregen.

Über eine zentrale Programmierung lässt sich genau definieren, wer zu welcher Zeit befugt ist, bestimmte Türen auf- bzw. zuzusperren. Dazu können verschiedene Techniken angewandt werden:

- Schlüssel mit integriertem Chip
- Chipkarten
- Smartphone
- Tastatur
- Fingerabdruckkontrolle

Die eigentliche Betätigung des Sperrmechanismus erfolgt mit einem elektrischen Schloss. Dieses ist mit einer langlebigen Batterie ausgestattet und sorgt dafür, dass der Sperr-Riegel der Tür elektrisch aus- bzw. eingefahren wird. Der große Vorteil beim Chip: Es gibt kein Nachsperr-Risiko. Ein Kopieren der Karte erfordert nämlich hohen technischen Aufwand. Geht der Chip verloren, muss kein Schloss getauscht werden. Es genügt, wenn der konkrete Chip vom Administrator der Anlage gesperrt wird.

Sind die Zugänge mit einer Tastatur gesichert, erspart man sich das Mitführen eines Schlüssels oder einer Chipkarte. Vergisst man allerdings die Zahlenkombination, ist man ausgesperrt. Und der Code könnte ausspioniert werden.

Auf- und zusperren geht auch ohne Schlüssel

Smartphone als Türöffner

Relativ neu ist der Einsatz des Smartphones als „Türöffner". Es ermöglicht die Verwaltung der Nutzungsrechte mithilfe der Mobilfunkkommu-

Elektronischer Schutz

nikation. Die Nutzer benötigen ein Handy mit einer Schnittstelle für Nahfeldkommunikation (NFC) sowie eine spezielle App. Es genügt, das Handy in die Nähe des Lesegeräts zu halten, das neben der Tür angebracht ist. Der Administrator des Systems kann Zutrittsberechtigungen jederzeit aus der Distanz aktualisieren.

Technische Richtlinien

Für Zutrittskontrollanlagen (ZKA) gilt in Österreich seit 2016 die technische OVE-Richtlinie R10. Diese Richtlinie ist nicht mit einer gesetzlichen Vorschrift gleichzusetzen, sondern stellt eine Mindestanforderung dar, der alle solche Anlagen genügen müssen. Sie wurde von der Wirtschaftskammer gemeinsam mit dem Verband der Sicherheitsunternehmen Österreichs (VSÖ Sektion Sicherheit im OVE) ausgearbeitet.

In der R10 ist genau definiert, welche Funktionen bzw. welche Elemente eine ZKA haben muss, abhängig von ihrem Einsatzgebiet. Ähnlich wie bei Alarmanlagen gibt es eine Unterscheidung in fünf Risikoklassen, von Privat/Standard (PS) bis zu Hochsicherheitserfordernissen.

Für private Anwender gilt ein selbstprogrammierender Leser als Mindeststandard und bei Hauseingängen ein selbstverriegelndes Schloss. Darüber hinaus ist es sinnvoll, ein einfach zu bedienendes Computerprogramm zu installieren, damit auch eine Protokollierung der Zutritte erfolgt. Man kann dazu ein Smartphone in Verbindung mit einer Internet-Cloud verwenden. Außerdem sind die Sperre und Änderungen von Zutrittsberechtigungen mit einer Software effizienter und einfacher umzusetzen.

Aufs Zertifikat achten

Lassen Sie die Installation unbedingt von einem vom VSÖ zertifizierten Unternehmen vornehmen, um sicherzugehen, dass Ihre ZKA auch allen Erfordernissen entspricht. Das garantiert nicht nur fachgerechte Planung und Einbau, sondern im Bedarfsfall auch die Störungsbehebung und die regelmäßige Wartung. Verlangen Sie auf jeden Fall ein Installationsattest. In diesem sind alle Angaben über Ihre ZKA festgehalten. Wichtig ist auch,

Das Smartphone kann den Schlüssel ersetzen

Datenschutz und Meldepflicht

Zeichnet eine ZKA alle Schließvorgänge auf, so ist sie meldepflichtig. Da Chipkarten oder Fingerabdrücke ja einer konkreten Person zugeordnet sind, handelt es sich um die EDV-gestützte Verarbeitung personenbezogener Daten. Dadurch kommt das Datenschutzgesetz zur Anwendung. Als Betreiber der Anlage sind Sie dazu verpflichtet, diese an das Datenverarbeitungsregister (DVR) zu melden, und zwar ausnahmslos online über www.dsb.gv.at. Wenn Sie Unternehmer sind und Mitarbeiter beschäftigen, ist überdies eine Betriebsvereinbarung erforderlich. Im Hinblick auf die neue EU-Grundverordnung zum Datenschutz (gültig ab Mai 2018) sind bei Mehrfamilienhäusern Fingerabdruck-Lesesysteme nicht zu empfehlen.

dass für eine Schulung aller teilhabenden Personen gesorgt ist. Eine Liste der vom VSÖ zertifizierten Anbieter finden Sie im Internet unter https://vsoe.at.

Zutrittskontrollanlagen können im Bedarfsfall mit Einbruchmeldeanlagen (Alarmanlagen) kombiniert werden. Dabei ist darauf zu achten, dass sich die Einzelsysteme gegenseitig nicht negativ beeinflussen. Auch die Verbindung mit einer Videoüberwachung ist möglich; beispielsweise in der Form, dass durch das Auf- bzw. Zusperren eines Raumes dort eine Kamera aktiviert wird.

Trotzdem mechanisch sichern

Zwei Aspekte sollten Sie unbedingt beachten, wenn Sie die Installation einer ZKA überlegen.

- Die Zutrittskontrolle kann Einbrüche und Diebstähle nicht verhindern. Aber sie verringert die Gefahr, dass sich ungebetene Gäste in ein Objekt einschleichen und dort auf Beutezug gehen.
- Die ZKA kann niemals Ersatz für eine ausreichende mechanische Sicherung sein! Die teuerste Anlage ist so gut wie wertlos, wenn ein Einbrecher die damit überwachten Türen mit einem einfachen Werkzeug knacken kann. Türblätter, Zargen und Beschläge müssen daher einbruchhemmend ausgeführt sein, wie im Kapitel über mechanische Sicherung ausführlich beschrieben.

Wenn es trotzdem passiert

– Verhalten bei Einbruch und Überfall
– Das müssen Sie bei Versicherungen beachten
– Was eine Inventarliste enthalten soll

Verhalten bei und nach einem Einbruch

Natürlich gibt es keinen hundertprozentigen Schutz davor, dass Sie Ihr Haus oder Ihre Wohnung aufgebrochen vorfinden.

Egal wann Sie den Einbruch entdecken, ob es wahrscheinlich ist, dass er schon länger zurückliegt oder Sie vermuten, der oder die Einbrecher könnten noch im Haus bzw. in der Wohnung sein – wie schon auf ▶ Seite 14 erwähnt: Spielen Sie niemals den Helden! Gegenstände lassen sich ersetzen, und seien sie noch so wertvoll. Ein Menschenleben nicht. Und auch eine Schuss- oder Stichverletzung ist keinen Golddukaten der Welt wert.

Das heißt also: Betreten Sie die Wohnung nicht, wenn Sie schon an der Eingangstür Hinweise auf ein gewaltsames Öffnen bemerken! Der Einbrecher könnte sich noch in den Räumlichkeiten befinden. Und kein Eindringling, ob Gelegenheitseinbrecher oder Profi, lässt sich gerne auf frischer Tat ertappen. Er wird alles versuchen, um zu entkommen – wahrscheinlich auch mit Gewalt.

Auf das Eintreffen der Polizei warten

Haben Sie Ihr Handy bei sich, so rufen Sie außer Hörweite von der Eingangstür die Polizei an. Oder gehen Sie zum Nachbarn und verständigen Sie von dort aus die Exekutive. Wenn es möglich ist, beobachten Sie Ihre Eingangstür – vielleicht sehen Sie den Täter, wenn er das Haus bzw. die Wohnung verlässt. Versuchen Sie, sich jedes Detail einzuprägen, das bei der Fahndung wichtig sein könnte.

Betreten Sie Ihre Wohnung bzw. Ihr Haus in jedem Fall erst nach Eintreffen der Polizei. Rühren Sie nichts an, bevor alles von der Polizei dokumentiert wurde. Behalten Sie beschädigte Gegenstände, bis die Schadenersatzansprüche mit der Versicherung geregelt sind.

Haben Sie keine Inventarliste angefertigt, so müssen Sie den Polizeibeamten möglichst genau Auskunft über die entwendeten Gegenstände geben. Das umfasst deren Beschaffenheit, Aussehen, Alter, den Anschaffungs- und den aktuellen Wiederbeschaffungswert. Hüten Sie sich vor Übertreibungen. Geben Sie den Wert der vermissten Objekte zu hoch an, kann es sein, dass die Versicherung nicht zahlt. Ebenso müssen Sie Gegenstände, die Sie zunächst vermissen, die dann aber später im Haus wieder auftauchen, unverzüglich melden.

Lassen Sie entwendete Sparbücher, Bankomat- und Kreditkarten sofort sperren.

Verhalten bei einem Überfall

Sind Sie zu Hause, während bei Ihnen eingebrochen wird, vermeiden Sie auch hier jede Art von Heldentum! Machen Sie sich mit Licht oder Lärm bemerkbar, sobald Sie feststellen, dass jemand Fremder eingedrungen ist. Versperren Sie einem Täter keinesfalls den Weg und versuchen Sie auch nicht, ihn zu stellen. Sie wissen nie, mit wie vielen Personen und mit welcher Art von Tätern Sie es zu tun haben. Jeder, der in ein Haus eindringt und das Risiko in Kauf nimmt, einen Bewohner anzutreffen, ist meist auch kaltblütig genug, Gewalt anzuwenden.

Wählen Sie möglichst schnell und unbemerkt die Notrufnummer der Polizei (133). Auch in der Nacht sollten Sie ein Telefon griffbereit haben. Falls Sie eine Alarmanlage mit Überfalltasten haben, lösen Sie durch eine der Tasten rasch den stillen Alarm aus, um Polizei oder Sicherheitsdienst von dem Überfall zu informieren.

Verzichten Sie auf den Einsatz von Waffen, vor allem von Schusswaffen, falls Sie solche besitzen – ist es mehr als ein Täter, kann ein Schuss für Sie gefährliche Folgen haben. Davon ausgenommen sind für Sie lebensgefährliche Situationen. Doch auch wenn Notwehr vorliegt, gibt es Rechtsnormen, die eine Gewaltanwendung in solchen Situationen regeln.

Auf Waffeneinsatz verzichten

Überfälle auf Objekte, in denen die Bewohner anwesend sind, kommen leider immer wieder vor, auch wenn sie eher die Ausnahme von der Regel sind. Oft sind es organisierte Banden, die die Gewalt einkalkulieren, um von den Überfallenen direkt die Verstecke von Wertgegenständen zu erfahren und sich so die Suche zu ersparen. Geben Sie den Verbrechern, was sie wollen. Das kann Ihnen die körperliche Unversehrtheit bewahren oder gar das Leben retten.

Versicherungen

Zumindest der materielle Schaden kann nach einem Einbruch größtenteils ersetzt werden. Voraussetzung dafür ist allerdings eine ausreichende und vor allem passende Versicherung. Achten Sie darauf, dass die Versicherungssumme dem tatsächlichen Wert dessen entspricht, was sich in Ihrer Wohnung oder Ihrem Haus an Einrichtung befindet. Sind Sie unterversichert, erhalten Sie im Schadensfall nur einen Teil des Schadens erstattet.

Prüfen Sie Ihren Versicherungsschutz. Für eine Wohnung wird die klassische Haushaltsversicherung ausreichend sein. Sind Sie Eigentümer eines Hauses, brauchen Sie zusätzlich eine Eigenheimversicherung.

Auf jeden Fall sollte die Versicherung Einbruch und Beraubung einschließen. Achten Sie darauf, dass auch Schäden durch Vandalismus, die Reparatur von Bauteilen und die Kosten für den Austausch von Schlössern von der Versicherung bezahlt werden.

Wollen Sie eine Alarmanlage einbauen, klären Sie mit Ihrem Versicherer zuvor alle Details. Meist winkt eine Prämienreduktion zwischen 10 und 15 Prozent. Allerdings stellen die Versicherungsunternehmen dafür Bedingungen, die vor allem die Qualität der zu errichteten Anlage betreffen.

Auf die Versicherungsbedingungen achten

Selbst wenn Sie gut und richtig versichert sind und die Zertifizierung der Sicherheitseinrichtungen nachgewiesen ist, gibt es noch ein paar Punkte, die eine Versicherung vom Ersetzen des Schadens befreien können. Denn sie zahlt nur, wenn ein Einbruch nachgewiesen werden kann. Und das ist z.B. nicht der Fall, wenn ein gekipptes Fenster ohne sichtbare Spuren geöffnet oder ein Schloss etwa mittels Picking ohne Nachweis von Gewaltanwendung geknackt wurde. Wenn ein Einbruch trotz Alarmanlage zu Ende geführt wurde, wird die Versicherung wahrscheinlich einen Nachweis verlangen, dass die Anlage zum Tatzeitpunkt tatsächlich scharf geschaltet war.

Inventarliste anlegen

Überdies sollten Sie eine Inventarliste bzw. ein Eigentumsverzeichnis vorlegen können, die Sie natürlich schon vor dem Einbruch erstellt haben. Das hilft zum einen der Polizei bei der Fahndung nach den gestohlenen Gegenständen, zum anderen beschleunigt es die Schadenserledigung durch die Versicherung. Je genauer die Beschreibung, desto höher auch die Wahrscheinlichkeit, dass die Polizei sichergestelltes Diebesgut dem rechtmäßigen Besitzer, also Ihnen, zuordnen kann.

Wenn es trotzdem passiert

Beachten Sie bei der Inventarliste insbesondere folgende Punkte:

- Fabrikationsnummern von Geräten (Kameras, Laptops, Handys) notieren
- Sparbuchnummern an gesicherten Orten vermerken
- markante Merkmale und Ausstattungsdetails festhalten
- Gravuren (Initialen) anbringen
- Fotos anfertigen, insbesondere von Schmuck, Bildern, Orientteppichen und Kunstgegenständen

Ein Eigentumsverzeichnis können Sie auch online abrufen und dann ausdrucken. Sie finden die Vorlage auf der Website des Bundeskriminalamtes: www.bundeskriminalamt.at > Prävention > Info-Material > Schutz des Eigentums > Einbruch > Formular Eigentumsverzeichnis.

Vorlage für ein Eigentumsverzeichnis online

So fotografieren Sie Ihre Werte

Mit einer kleinen Digitalkamera oder dem Handy können Sie recht einfach und jederzeit Fotos Ihres versicherten Inventars anfertigen. Einige Tipps sollten Sie dabei beherzigen, damit die Bilder tatsächlich brauchbar sind:

- Sorgen Sie dafür, dass bei der Aufnahme möglichst viel Licht vorhanden ist. Fotografieren Sie also tagsüber oder mit zusätzlicher Beleuchtung.
- Bilder, die an der Wand hängen, nicht mit Blitzlicht fotografieren, da dies oft großflächige störende Lichtreflexionen erzeugt.
- Schmuck oder kleinere Kunstgegenstände auf neutralem, einfarbigem Untergrund positionieren, zum Beispiel auf grauem Karton. So nah herangehen, dass die Aufnahme formatfüllend ist. Sehr hilfreich ist es, ein Zentimetermaß mit aufs Bild zu bringen. Alternativ können Sie zum Größenvergleich einen Schlüssel neben das Objekt legen.
- Nach der Aufnahme am Display kontrollieren, ob das Foto auch tatsächlich scharf geworden ist.

Fahrzeuge sichern

– Umfassende Sicherheit für Autos
– Rundumschutz für das Motorrad
– Drahtesel sichern

Neben Wohnungen und Häusern rangieren Fahrzeuge ganz weit oben auf der Liste gefährdeter Objekte. Egal ob einspurig oder zweispurig, egal ob mit Motor oder ohne. Grund genug, sich mit deren Sicherung zu beschäftigen. Eine Kombination von richtigem Verhalten mit mechanischer und/oder elektronischer Sicherung gewährt den höchsten Schutz.

Insgesamt sind Kfz-Diebstähle stark rückläufig: 2016 wurden annähernd 3.000 Anzeigen registriert – ein absoluter Tiefstand im Zehnjahresvergleich. Im Rekordjahr 2009 waren es fast 9.000. Hier tragen einerseits die verstärkten Bemühungen der Exekutive Früchte, die 2009 eine „Soko Kfz" ins Leben gerufen hat. Andererseits zeigt sich, dass moderne Autos mittlerweile eben einen hohen Sicherungsstandard erreicht haben.

Automobile

Autos – und wir sprechen hier in erster Linie von Personenwagen – sind für zwei unterschiedliche Tätertypen interessant: Die einen haben es auf das Fahrzeug selbst abgesehen, die anderen sind am Inhalt interessiert. Auch bei den Fahrzeugdieben gibt es unterschiedliche Motivlagen: Das reicht von Jugendlichen, die eine Spritztour machen wollen, bis zu Ganoven, die einen (unauffälligen) Wagen für ein späteres Verbrechen brauchen, beispielsweise als Fluchtwagen nach einem Banküberfall. Neuwagen werden oft auf Bestellung gestohlen und landen nicht selten im Ausland. Wer denkt, das träfe nur Luxuslimousinen, der irrt. Massenmodelle wie VW Golf oder Skoda Fabia stehen hoch im Kurs. Die Begründung ist einleuchtend: Diese Modelle lassen sich leichter auf dem Schwarzmarkt unterbringen als beispielsweise ein auffälliger Porsche.

Autoeinbruch

Beschäftigen wie uns zuerst mit den Einbrechern. Sie haben es auf Wertgegenstände im Inneren des Fahrzeugs abgesehen – oder auf verwertbare Fahrzeugkomponenten.

Die erste und wichtigste Gegenmaßnahme, die jeder Autobesitzer selbst in der Hand hat, ist: Das Auto immer absperren – und kontrollieren, ob es tatsächlich funktioniert hat! Damit bleiben „Einschleichdiebe" erfolglos, die auf gut Glück nach unversperrten Autotüren und Kofferräumen suchen. Manche schrecken ja doch davor zurück, Gewalt einzusetzen.

Schlüssel

Eine weitere Selbstverständlichkeit soll hier ebenfalls erwähnt werden: Hüten Sie den Autoschlüssel wie Ihren Augapfel. Aus der Jackentasche im Restaurant ist er rasch entwendet, und wenn der Täter Sie bereits vorher beobachtet hat, weiß er auch, zu welchem Fahrzeug er passt. Außerdem sollten Sie den Reserveschlüssel nie im Auto aufbewahren.

Apropos Schlüssel: Besondere Vorsicht ist geboten, wenn der Tankdeckel fehlt, obwohl man nicht getankt hat. Profis können leicht ein Duplikat anfertigen, wenn für Auto und Tankschloss derselbe Schlüssel passt. Die Fahrzeuge werden oft erst Wochen später gestohlen. Dem im Handschuhfach verwahrten Serviceheft entnehmen die Ganoven Fahrzeug- und Besitzerdaten und sie fälschen einen Zulassungsschein.

Goldgrube Auto

Wer unbedingt ins Innere will, der schafft das mit einem Schraubendreher, einem Brecheisen oder einem Pflasterstein relativ rasch durch die Seitenscheibe. Oder der Täter arbeitet mit dem sogenannten Schlossstich. Dann lässt er mitgehen, was er zu fassen bekommt. Dabei wählt er Fahrzeuge aus, in denen es augenscheinlich etwas zu holen gibt.

Dazu ein paar Zahlen: 2015 wurde in 11.300 Kfz eingebrochen – das ist beinahe das Vierfache der Autodiebstähle. Kein Wunder, denn Pkw sind regelrechte Goldgruben für Einbrecher, weiß man beim österreichischen Versicherungsverband VVO. Eine Stichprobe des Kuratoriums für Verkehrssicherheit (KfV) im Jahr 2016 zeigte Erschreckendes: Bei der Beobachtung von mehr als 7.000 Kfz wurden durchschnittlich in jedem dritten parkenden Auto Wertgegenstände gefunden. Mit regionalen Unterschieden: In Innsbruck waren nur 14 Prozent der Autofahrer derart sorglos, in Klagenfurt gar 60 Prozent.

Kfz-Einbrüche sind weitaus häufiger als Diebstähle

Oberstes Gebot ist, keine Wertgegenstände im Fahrzeug zu verwahren. Sichtbar herumliegende Handtaschen, Einkaufstaschen, Aktenkoffer, Sakkos, Handys (z.B. in der Handyhalterung), USB-Sticks, Navi-Geräte oder Laptops wirken auf Ganoven wie eine Einladung. Lässt es sich nicht vermeiden, derlei im abgestellten Auto zu verwahren, dann zumindest gut versteckt (im Handschuhfach, unter der Kofferraumabdeckung).

Airbag-Diebstahl

Aber auch wer das penibel berücksichtigt, ist vor Schaden nicht gefeit. Es gibt Täter, die haben es auf Autobestandteile abgesehen. Früher standen Autoradios hoch im Kurs, weil sie leicht zu entfernen waren. Heute sind Neuwagen schon ab Werk mit Unterhaltungselektronik ausgestattet, die fix in den Mittelkonsolen verbaut ist. Gerät und Bedienelemente sind getrennt und außerdem von Modell zu Modell unterschiedlich. Das ist für Diebe uninteressant. Sehr wohl kommt es allerdings vor, dass spezialisierte Banden beispielsweise Airbags ausbauen. Diese sind als Ersatzteil in gewissen Kreisen sehr gefragt.

Laptops und andere Wertgegenstände nicht im Auto lassen

Sicherheitslücken

Die heute gängige Methode, Autos nicht mehr direkt an der Tür per Schlüssel zu sperren, sondern durch Knopfdruck auf die Fernbedienung, mag zwar bequem sein – sie birgt aber ein Risiko. Denn mit elektronischen Geräten, Jammer (sprich „Dschämmer") genannt, können geschickte Ganoven vereinfacht gesagt die Funkverbindung zwischen Signalgeber und Auto stören. Damit wird die Verriegelung des Autos unterbunden. Der Besitzer, der sich oft schon einige Meter entfernt im Weggehen befindet, merkt das gar nicht. Der Dieb kann also das Auto in Ruhe ausräumen.

Die Täter treiben sich oft dort herum, wo ein ständiges Kommen und Gehen herrscht, z.B. auf Parkplätzen von Einkaufszentren. Man sollte sich daher bei der Fernbedienung immer durch Probe an der Tür oder der Heckklappe vergewissern, dass die Zentralverriegelung tatsächlich gesperrt hat.

Schlüssellos ist knackbar

Nicht minder problematisch sind die neuartigen Komfort-Schließsysteme (kurz „Keyless entry" – schlüsselloser Zugang). Damit ausgestattete Autos erkennen per Funk, wenn man sich dem Fahrzeug nähert und den Türgriff berührt, und öffnen automatisch die Zentralverriegelung. Meist ist auch das Starten nicht mehr an Schlüssel gebunden, sondern geschieht per Knopfdruck.

Ein Test des ÖAMTC mit 25 Fahrzeugen zeigte jedoch, dass es ein solches System Dieben sehr leicht macht. Besondere technische Kenntnisse sind dafür nicht nötig. Es reicht, einen kleinen Empfänger in der Nähe des Schlüssels zu positionieren und mit einem Sender zum Auto zu gehen. Was die Täter dann noch brauchen, ist ein Reichweitenverlängerer. Dieser ist frei und legal erhältlich und verlängert das von einem Täter abgefangene Schlüsselsignal über Hunderte von Metern. Dadurch kann der beim Auto wartende Komplize das Fahrzeug öffnen und den Motor starten, obwohl der Besitzer den Schlüssel bei sich trägt und etwa gerade in einem Lokal weilt. Die Diebe können dann so lange fahren, bis der Motor abgestellt wird oder der Tank leer ist.

Wie Diebe schlüssellose Systeme austricksen

Keine Festung

„Ein Auto ist kein Tresor" – diese Warnung von Polizei und Autofahrerclubs kennen Sie sicherlich. Damit ist gemeint, dass ein Fahrzeug als Aufbewahrungsort für Wertgegenstände nicht geeignet ist. Technisch wäre es möglich, einen Wagen um viel Geld in eine nahezu uneinnehmbare Festung zu verwandeln, die sogar einem Terroranschlag widersteht. Aber ist so etwas für Normalbürger sinnvoll? Pannendienste und Rettungsorganisationen sehen das kritisch. Das Eindringen in ein Auto (nicht das Wegfahren) sollte im Notfall für die Helfer möglich sein. Denken Sie an Fälle, wo Babys oder Tiere bei brütender Hitze in Autos eingesperrt und in Lebensgefahr sind – das kommt in der Praxis leider immer wieder vor. Hier gilt der Grundsatz: Personenschutz geht vor Sachschutz. Abgesehen davon war schon so mancher Lenker, der sich versehentlich aus dem Fahrzeug ausgesperrt hatte, froh, wenn ihm ein Pannenhelfer binnen weniger Minuten seinen fahrbaren Untersatz wieder zugänglich gemacht hat.

Solange die Autohersteller diese Sicherheitslücke nicht geschlossen haben, raten ÖAMTC-Techniker dazu, spezielle Schlüsseletuis zu verwenden, die die Funkwellen blockieren. Allerdings bedeutet das einen Komfortverzicht, weil man den Schlüssel zum Öffnen des Fahrzeugs jedes Mal aus dem Behältnis nehmen muss.

Mechanische Sicherung

Anders als bei Häusern und Wohnungen, wo die mechanische Sicherung Vorrang vor der elektronischen hat, verhält es sich bei Autos mittlerweile eher umgekehrt. Das soll aber nicht heißen, dass mechanische Methoden völlig außer Acht zu lassen wären – sie sind einfach, aber wirkungsvoll.

Serienmäßig eingebaut ist bei Autos eine Lenkradsperre. Sie verhindert nach Abziehen des Zündschlüssels, dass das Lenkrad gedreht werden kann. Allerdings muss sie auch tatsächlich und hörbar einrasten – vergewissern Sie sich beim Verlassen des Wagens durch kurzes Drehen am Volant, dass das wirklich der Fall ist.

Sperrstöcke

Ein deutlicher Sicherheitsgewinn lässt sich mit einem Sperrstock (manchmal auch als Lenkradkralle bezeichnet) erzielen. Ein massiver sperrbarer Metallbügel wird gut sichtbar am Lenkrad montiert. Aufgrund seiner Länge würde er beim Lenken spätestens nach einer halben Umdrehung an Tür oder Mittelkonsole stoßen – ein Fahren wäre somit nicht möglich. Diese Sicherungen sind kaum zu entfernen, ohne das Volant zu zerstören. Dank der gelben Farbe haben sie überdies eine nicht zu unterschätzende Signalwirkung. Eine Variante davon ist ein ausziehbarer Stock, der am einen Ende im Lenkradkranz, am anderen am Bremspedal eingehakt und durch ein Schloss gesichert wird. Somit können weder Lenkung noch Bremse bedient werden.

Da sich die meisten Autobesitzer auf die serienmäßige elektronische Wegfahrsperre verlassen, sind die beiden genannten Sperrbügeltypen weitgehend aus dem Straßenbild verschwunden – nur noch ein Prozent der Lenker, so zeigte eine Untersuchung, benutzt sie. Sie sind aber noch

Lenkradkrallen sind gut sichtbar und schrecken dadurch Autodiebe ab

immer erhältlich und werden von Autofahrerclubs als Zusatzsicherung speziell bei Auslandsreisen empfohlen – nicht zuletzt wegen der abschreckenden Wirkung. Zu erwähnen wären an dieser Stelle noch:

Ganghebelsperre. Sie umfasst wie eine Manschette den Ganghebel, fixiert ihn im Rückwärtsgang und verhindert das Schalten.

Schalter zur Stromunterbrechung. Über einen versteckt montierten Schalter oder eine Fernbedienung wird quasi die Batterie abgeklemmt, das Auto kann nicht gestartet werden.

Felgenschlösser

Um sich von der Masse abzuheben, investieren viele Autokäufer in prestigeträchtige Sonderausstattung. Schicke Leichtmetallfelgen mit extrabreiten Pneus zählen dazu. Diese sind kostspielig – und damit ebenfalls ein begehrtes Beuteobjekt. Gut organisierte Banden bocken das Auto einfach auf und lassen es ohne Räder zurück.

Felgen sichern

Eine gute Möglichkeit, dem vorzubeugen, sind Felgenschlösser. Sie werden auf die Schrauben montiert und lassen sich nur mit einem passenden Adapter wieder lösen. Dieser Adapter hat ein einzigartiges Profil und wird mit dem Set mitgeliefert. Es reicht, wenn pro Rad nur eine Schraube so gesichert ist. Freilich werden im Internet ganz legal Werkzeuge angeboten, mit denen sich Felgenschlösser knacken lassen. Gedacht sind sie vordergründig für Autobesitzer, die ihren eigenen Adapter verloren haben und nun beim Radwechsel dumm dastehen. Freilich lässt sich dieses Werkzeug auch von Dieben in illegaler Weise einsetzen. Die Raddemontage dauert aber deutlich länger als bei herkömmlich angebrachten Felgen, und nicht alle Täter wollen dieses Risiko eingehen. Ein Nachteil dieser Felgenschlösser aus Sicht mancher Autobesitzer: Sie stören den optischen Gesamteindruck der Felge.

Glasschutz

Ähnlich wie für den Wohnbereich gibt es auch für Autoscheiben Folien, die die mechanische Widerstandskraft erhöhen. Das dient dem Splitterschutz bei Unfällen, erschwert aber auch Einbrechern das Leben. Diese Folien dürfen nur schwach getönt sein (mindestens 85 Prozent Lichtdurchlässigkeit), dann dürfen sie an der Innenseite fast aller Scheiben angebracht werden. Lediglich an der Windschutzscheibe ist das nachträgliche Anbringen von Folien generell verboten. Eine spezielle Typengenehmigung für Österreich ist nicht (mehr) erforderlich (Quelle: Bundesministerium für Verkehr, Innovation und Technologie).

Elektronische Wegfahrsperren

Abgesehen von ein paar Oldtimern sind heute keine Autos mehr auf unseren Straßen unterwegs, die diese Art der Sicherung nicht aufweisen. Denn laut EU-Norm müssen seit 1998 alle Pkw damit ausgerüstet sein.

Moderne Wegfahrsperren unterbrechen nicht einfach die Stromversorgung des Autos (um damit Zündung, Starter und Treibstoffpumpe außer Gefecht zu setzen), sondern sie greifen in die Bordelektronik ein. Über die Motorsteuerung wird eine Inbetriebnahme des Wagens verhindert. Die Kommunikation erfolgt dabei meist über den im Schlüssel integrierten Transponder, der das Fahrzeug freigibt – oder eben nicht, wenn die Elektronik nicht den richtigen Code bekommt. Nach Abziehen des Zündschlüssels wird die Wegfahrsperre aktiviert und erst mit Anstecken des richtigen Zündschlüssels wieder aufgehoben. Genauso funktioniert es mit den Chipkarten, die bei einigen Modellen den klassischen Zündschlüssel bereits abgelöst haben.

Alarmanlagen fürs Auto

Solche Anlagen funktionieren im Prinzip nicht anders als Alarmanlagen für Einfamilienhäuser. Sie reagieren, wenn jemand unbefugt die Außenhaut des Autos durchdringen will, egal ob durch die Fahrertür, eine Seitenscheibe oder den Kofferraum. Im scharfen Zustand überwachen sie das Innere des Fahrzeugraums. Und mit einer Neigungsüberwachung schiebt man dem illegalen Abtransport des Vehikels einen Riegel vor. Bis auf die Neigungssensoren ähneln einander auch die technischen Elemente.

Fahrzeuge sichern

Gegen Ein- oder Aufbruchsversuche schützen Kontaktschalter an allen Teilen, die sich öffnen lassen. Das sind bei einem Pkw die Türen sowie Kofferraum oder Heckklappe. Aber auch die Motorhaube muss so gesichert werden, um Manipulationen am Stromkreis oder an der Elektronik zu verhindern. Glasbruchmelder reagieren mit lautem und sichtbarem Alarm auf das Einschlagen der Scheiben.

Das Innere des Wagens wird durch Ultraschall oder alternativ durch Infrarot überwacht. Ist die Anlage scharf gestellt, wird der gesamte Innenraum von einem Punkt aus (meist dem Rückspiegel) mit für den Menschen unhörbaren und unsichtbaren Wellen beschickt. Die Anlage misst die Grundeinstellung und schlägt Alarm, wenn sie im Innenraum Änderungen registriert. Dieser Teil der Alarmanlage ist auch für die meisten Fehlalarme verantwortlich – beispielsweise, wenn sich durch die Erschütterung eines vorbeifahrenden Lastwagens im Passagierraum eine Kleinigkeit bewegt.

Autoalarmanlagen haben viele Komponenten

Abschleppschutz

Die Neigungsüberwachung hat die Funktion, die Umwelt auf einen Abschleppversuch aufmerksam zu machen. Weder kann das Auto unbemerkt als Ganzes per Kran auf einen Lkw verladen werden noch ist es möglich, es auf eine Abschleppachse aufzubocken. Auch gegen den Einsatz eines Wagenhebers zwecks Demontage der Räder ist damit vorgesorgt. In all diesen Fällen wird das Fahrzeug in irgendeiner Weise schräg gestellt. Die Alarmanlage merkt sich die Fahrzeugposition zu dem Zeitpunkt, als sie scharf gestellt wurde. Wird der Winkel verändert, geht der Alarm los.

Wenn Sie Glück haben, kommt es ohnehin nie zum Ernstfall. Ein dezenter Aufkleber, der auf die Alarmanlage hinweist, ist keinesfalls zu verachten. Wenn es der Verbrecher nicht genau und ausschließlich auf Ihr Auto abgesehen hat, wird er sich ein einfacheres Ziel suchen.

Überfallschutz

Was ebenfalls viele Alarmanlagen aufweisen: eine Anti-Überfallsfunktion. Wird einem Autofahrer der Wagen mit Gewalt weggenommen (Car-Napping), kann er mit der Fernsteuerung noch aus 100 Metern Entfernung

Alarm auslösen. Der Täter wird eingeschlossen, die Sirene heult und die Lichtanlage wird aktiviert.

Wichtig: Geben Sie die Fernbedienung nie aus der Hand – der Code könnte ausgelesen und kopiert werden. Daher sollten Sie auch beim Werkstattbesuch die Alarmanlage ausschalten und nur den Wagenschlüssel abgeben.

Tipp. Alarmanlagen sollten alle Öffnungen des Wagens und den Innenraum erfassen. Sie sollten einfach zu bedienen sein und beim Verlassen des Fahrzeugs immer scharf gestellt werden. Die Stromversorgung sollte unabhängig von der Autobatterie erfolgen. Eine eigene Sirene ist besser als der akustische Alarm via Autohupe. Und das System sollte unbedingt einen Schutz gegen Sabotage aufweisen. Wie komplex eine Alarmanlage aufgebaut ist, sehen Sie in der folgenden Grafik.

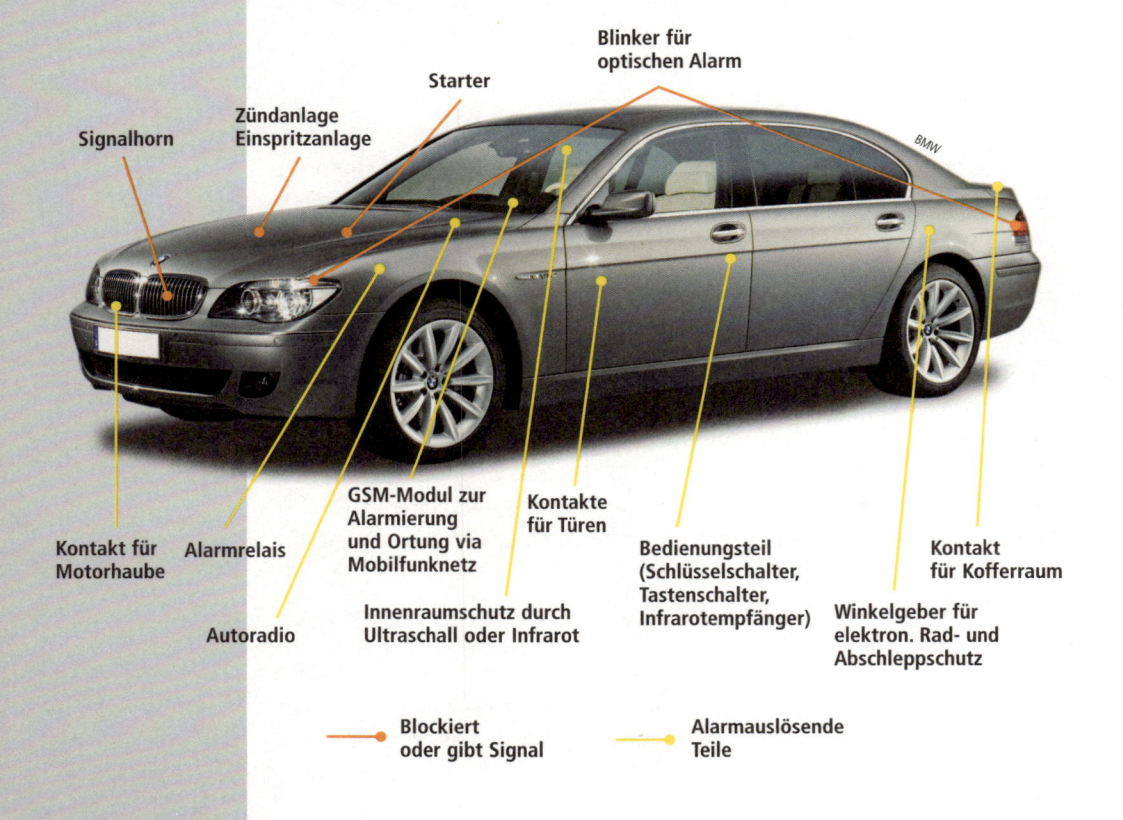

- **Signalhorn**
- **Zündanlage Einspritzanlage**
- **Starter**
- **Blinker für optischen Alarm**
- **Kontakt für Motorhaube**
- **Alarmrelais**
- **Autoradio**
- **GSM-Modul zur Alarmierung und Ortung via Mobilfunknetz**
- **Innenraumschutz durch Ultraschall oder Infrarot**
- **Kontakte für Türen**
- **Bedienungsteil (Schlüsselschalter, Tastenschalter, Infrarotempfänger)**
- **Winkelgeber für elektron. Rad- und Abschleppschutz**
- **Kontakt für Kofferraum**

— Blockiert oder gibt Signal
— Alarmauslösende Teile

Fahrzeuge sichern

Selbsteinbau oder Einbau durch den Profi

Am besten bestellen Sie eine Diebstahlswarnanlage, sofern vom Hersteller angeboten, beim Neuwagenkauf mit. Damit ist ein sachgerechter Einbau gewährleistet. Der Aufpreis liegt bei 300 bis 600 Euro. Es gibt natürlich die Möglichkeit, nachzurüsten. Bausätze zur Selbstmontage sind in jedem Elektronikmarkt erhältlich und deutlich günstiger. Die Polizei rät jedoch vom Selbsteinbau ab, da die Anlagen genau eingestellt werden müssen, um nicht ständig Fehlalarme zu produzieren. Das sollte man Profis überlassen, die auch die Garantie für die Funktionstüchtigkeit übernehmen. Außerdem gilt ein Versicherungsschutz meist nur, wenn die Anlage in einer Fachwerkstätte installiert worden ist.

Satellitenortung

Mit einer Alarmanlage kombinierbar oder auch ohne diese verwendbar sind Systeme zur internetbasierten Satellitenortung. Sie sind entweder fix eingebaut oder mobil in Form einer Box, die bei Bedarf an versteckter Stelle im Auto platziert wird. Ortungssysteme schützen nicht vor Diebstahl, erleichtern aber die Wiederbeschaffung eines gestohlenen Fahrzeugs.

Das Prinzip ist einfach: Die Anlage erkennt Manipulationen am Fahrzeug und meldet diese automatisch an eine Alarmzentrale und/oder den Besitzer. Dazu kann ein Neigungssensor oder ein Beschleunigungssensor dienen. Dieser registriert, wenn sich das Auto in Bewegung setzt. Je nach Ausführung kann zusätzlich das Einschalten der Zündung bzw. das Starten überwacht werden. Mithilfe des Satellitennavigationssystems GPS ist es dann möglich, den jeweiligen Standort des Wagens punktgenau im Internet zu verfolgen. Die Alarmierung ist für den Täter nicht erkennbar. Auf Basis dieser Daten kann die Polizei dann Fahndungsmaßnahmen einleiten, auch grenzüberschreitend.

Hilfe aus dem Weltall

Davon zu unterscheiden sind Anlagen, die ständig „scharf" sind und selbsttätig eine Warnung absetzen, und solche, bei denen der Autobesitzer eine Alarmzentrale bzw. die Polizei verständigt, sobald er den Diebstahl bemerkt hat.

Satellitenortung zum Mieten

Die österreichischen Autofahrerclubs bieten ein mobiles Ortungssystem zum Ausborgen an. Das ist vor allem bei Urlaubsfahrten eine günstige Ergänzung zu einer Reisekaskoversicherung. Beim Carfinder (ÖAMTC) bzw. Car Observer (ARBÖ) handelt es sich um eine batteriebetriebene Box, die an unauffälliger Stelle im Auto deponiert wird. Solange nichts passiert, bleibt das System im Ruhezustand. Wird der Wagen jedoch gestohlen, meldet der Besitzer das der Servicezentrale, die daraufhin per SMS die SIM-Karte aktiviert. Via Handynetz (GSM) und Satellitennavigation (GPS) kann die Servicestelle dann europaweit den genauen Standort des Fahrzeugs auf dem Bildschirm verfolgen und auf Wunsch eine Fahndung durch die Polizei einleiten. Laut ÖAMTC konnten in der Vergangenheit 95 Prozent aller gestohlenen Fahrzeuge, die mit einem derartigen System ausgestattet waren, ihren Besitzern zurückgegeben werden. Der Mietpreis pro Tag beträgt knapp unter drei Euro (Stand Frühjahr 2017) – nur für Mitglieder des jeweiligen Clubs.

Fest eingebaute Ortungsgeräte werden direkt an das Bordnetz des Fahrzeugs angeschlossen. Sie verfügen zusätzlich über eine Notstromversorgung, funktionieren also weiter, wenn der Stromkreis des Autos unterbrochen wurde.

Mobile Sender und Handys

Mobile Peilsender (GPS-Tracker) sind für jedermann im Elektronikhandel und via Internethändler um wenige Euro erhältlich. Man kann damit nicht nur Autos, Zweiräder und Boote ausstatten, sondern auch Gepäckstücke. Je nach Anbieter können über eine spezielle App oder via Google-Konto (beim Android-Betriebssystem) dann die Positionsdaten empfangen werden.

Eine mögliche Alternative ist der Einsatz eines Handys. Neuere iPhones und Smartphones haben z.B. ebenfalls einen Neigungs- oder Beschleunigungssensor integriert. Wenn Sie Ihr Zweithandy versteckt im Auto lassen, kann auch dieses als Alarmgeber programmiert werden. Allerdings ist zu bedenken, dass diese Methode nur in Gegenden mit guter Netzabdeckung funktioniert und die Laufzeit des Akkus sehr begrenzt ist.

Fahrzeuge sichern

Zusatzfunktionen

Manche Ortungssysteme verfügen über zusätzliche Servicefunktionen. Eine große österreichische Versicherung beispielsweise bietet unter dem Namen SafeLine ein Produkt an, das über einen Notfallknopf und einen Unfallsensor verfügt. Bei gesundheitlichen Problemen oder einer Panne kann der Fahrer selbst auf Knopfdruck den Kontakt zur Servicestelle herstellen. Der Crashsensor wiederum setzt bei einem Aufprall automatisch ein Notsignal ab und meldet den genauen Ort des Geschehens. Die Zentrale kann dann rasch und zielgenau Rettungsmaßnahmen in Gang setzen.

Motorräder

Auf motorisierte Zweiräder haben es vor allem zwei Tätergruppen abgesehen. Zum einem gibt es die Gelegenheitsdiebe, die eine schlecht gesicherte Maschine entwenden und sie nach einem Ausflug einfach irgendwo mit leerem Tank stehen lassen. In diesem Fall hat der Motorradbesitzer gute Chancen, sein Bike wiederzubekommen, wenn auch mitunter beschädigt.

Schlechter stehen die Chancen, wenn eine spezialisierte Bande am Werk war. Diese schafft vor allem exklusive Maschinen der gehobenen Preisklasse ins Ausland, wo sie oft zerlegt und sozusagen scheibchenweise verkauft werden. Abgestellte Motorräder werden oft als Ersatzteillager betrachtet. Beliebt sind vor allem die hochpreisigen Verkleidungen. Werden sie etwa bei einem Sturz beschädigt, kommt es recht teuer, sie regulär über den Handel zu ersetzen.

Abstellort

Ein erster Schritt zum Diebstahlschutz ist der Abstellort. Wer die Möglichkeit hat, sollte das Motorrad daheim immer im Garten oder in der Garage parken. In der Stadt ist das freilich nur selten möglich; ebenso, wenn man mit dem Bike unterwegs ist. Da bleibt eben nur die „Laterndlgarage".

Teure Zeit- und Dauerparkplätze in Garagen kann oder will sich kaum jemand leisten.

Tipp. Wenn Sie die Maschine länger nicht benutzen, schützen Sie diese mit einer undurchsichtigen Plane vor den Augen neugieriger Langfinger.

Mechanische Sicherung

Ein Lenkerschloss zählt heute zur serienmäßigen Ausstattung eines Motorrades. Diese Art der Wegfahrsperre verhindert das Starten und Kurzschließen des Fahrzeugs. Viele Biker verlassen sich allein darauf. Dabei sollten sie wissen, dass ein Lenkerschloss für Profis kein ernst zu nehmendes Hindernis darstellt.

Zusatzschloss fürs Bike

Bügelschloss. Als zusätzliche mechanische Blockade gibt es für Motorräder Bügelschlösser. Wegen der breiten Reifen sind sie oft sehr voluminös und schwer zu verstauen. Schnell stoßen Sie an die Grenzen der Reifendimension.

Panzerschloss. Dieses besteht aus einem Stahlseil und einer Kette aus Kugelgliedern, die sich dem Aufsägen durch Mitrollen widersetzen. Panzerschlösser sind leicht zu handhaben und flexibel; man kann das Bike damit an einem festen Gegenstand fixieren oder mehrere Motorräder zu einem Paket zusammenschließen. Der Transport ist ebenfalls einfacher.

Bremsscheibenschloss. Kaum größer als eine Zigarettenschachtel, ist es dennoch sehr effektiv und bei Motorradbesitzern recht beliebt. Bei diesem Schlosstyp wird ein Metallbolzen durch eines der Löcher der Bremsscheibe gesteckt und versperrt. Beim Kauf sollte man sich auf jeden Fall vergewissern, dass der Bolzen tatsächlich durch die Bohrungen der Bremsscheibe passt. Diese Art der Fahrzeugsicherung birgt freilich ein beträchtliches Risiko: Ist der Fahrer vergesslich und will mit noch montiertem Schloss wegfahren, ist eine Beschädigung der Bremsanlage oder gar ein Sturz unvermeidlich! Um dem vorzubeugen, gibt es im

Vor dem Kauf eines Bremsscheibenschlosses unbedingt prüfen, ob es durch die Bohrungen in der Bremsscheibe passt

Fahrzeuge sichern

Handel „Erinnerungskabel" (Reminder-Kabel). Ein solches Kabel wird vom Bremsscheibenschloss aus um den Lenker gewickelt und erinnert den Fahrer beim Aufsitzen an die montierte Wegfahrsperre. Mittlerweile gibt es auch Bremsscheibenschlösser mit integriertem Alarm. Sobald jemand diese Sicherung überwinden will, heult eine Sirene los. Schlösser mit eingebautem Bewegungssensor wiederum reagieren, wenn das gesicherte Rad bewegt wird.

Erinnerungskabel für den Fahrer

Zwei sind sicherer als eines

Bei allen Schlössern sollte man als Käufer auf folgenden Aspekt achten: Nicht nur Kette oder Bügel sollten von hoher Qualität sein, sondern auch der Schließmechanismus. Nicht jeder Motorraddieb rückt gleich mit schwerem Gerät an, viele probieren es gleichsam auf die sanfte Tour. Sie versuchen mit Raffinesse und Spezialwerkzeugen („Picking"), die Zylinder nachzusperren – ähnlich wie Wohnungseinbrecher.

Und wer ganz auf Nummer sicher gehen will, der kombiniert verschiedene Schlossarten. Ein Bremsscheibenschloss verhindert zwar das Wegschieben, auf eine Lkw-Ladefläche lässt sich das Zweirad dennoch hieven. Davor kann wiederum ein Panzerschloss schützen, mit dem das Bike etwa mit einem massiven Pfahl verbunden wird.

Wegfahrsperre und Ortung

Alarmanlagen für einspurige Kfz werden von vielen Herstellern und in vielen Varianten angeboten. Sie sind wesentlich weniger komplex als jene für Autos, da naturgemäß die Innenraumüberwachung und die Kontrolle der Türen wegfällt. Grob kann man bei der elektronischen Überwachung von Motorrädern und Rollern zwei Haupttypen unterscheiden:

Alarmanlagen mit Alarmgeber und Wegfahrsperre. Sie kombinieren den akustischen Alarm mit einem Eingriff in die Motorsteuerung. Es handelt sich um mikroprozessorgesteuerte Modelle, die universell vom Motorroller über Rennmaschinen bis zu Harleys eingesetzt werden können. Sollte jemand das Zweirad unberechtigterweise bewegen, kann ein integrierter Bewegungsmelder eine lautstarke Alarmsirene auslösen. Gleichzeitig wird eine Wegfahrsperre aktiviert, sodass die Maschine nicht gestartet werden kann.

Anlagen mit Pager und GPS-Ortung. Sie helfen dabei, ein entwendetes Bike aufzuspüren, und funktionieren ähnlich wie jene, die im Abschnitt über Autos beschrieben sind (▶ Seite 141). Falls Sie sich ein Ortungssystem nicht selbst anschaffen wollen, können Sie auf das Mietangebot der heimischen Autofahrerclubs zurückgreifen (▶ Seite 142).

Besonders gefinkelt ist es natürlich, wenn man beide Anlagentypen kombiniert. Sollte man einmal auf das Scharfstellen der Alarmanlage vergessen, hat man immer noch die Satellitenortung als Notanker.

Gut gegen Diebe, die es auf Motorradteile abgesehen haben, sind Kontaktschalter, die sensible Teile des Bikes (wie die schon erwähnten Verkleidungen) vor unbefugtem Entfernen schützen sollen. Der Einbau ist allerdings aufwendig.

Fehlalarme

Die meisten Motorrad-Alarmanlagen werden bequem über eine Funkfernbedienung ein- und ausgeschaltet. Die größte Fehlerquelle ist letztlich der Mensch: Nur wenn der Fahrer daran denkt, die Anlage scharf zu stellen, kann sie ihre Funktion erfüllen!

Und so wie bei Wohnung oder Auto muss man als Motorradbesitzer damit leben, dass Fehlalarme produziert werden. Wenn das öfter vorkommt, macht man sich keine Freunde in der Nachbarschaft. Die Anlage aber deswegen gar nicht scharf zu stellen, das stellt die komplette Anschaffung infrage ...

Fahrräder

Im Jahr 2016 wurden laut Kriminalstatistik in Österreich 27.465 Fahrräder gestohlen. Das ist zwar ein leichter Rückgang im Vergleich zum

Fahrzeuge sichern

Jahr davor, aber immer noch eine beachtliche Zahl. Die Dunkelziffer der nicht polizeilich registrierten Diebstähle dürfte laut Insiderschätzungen sogar das Achtfache betragen – das wären mehr als 200.000 Stück! Brennpunkt dieser Kriminalitätssparte sind die großen Städte, allen voran Wien. Fast jeder dritte Fahrraddiebstahl wurde in der Bundeshauptstadt gemeldet.

Dass Fahrräder bei Kriminellen so hoch im Kurs stehen, hat mehrere Ursachen. Erstens machen es die Fahrradbesitzer den Dieben sehr leicht: Eine Erhebung des Kuratoriums für Verkehrssicherheit und des Versicherungsverbandes ergab, dass gut die Hälfte der Fahrräder in Österreich nicht oder nur unzureichend gesichert ist. Zweitens lassen sich Räder relativ unauffällig abtransportieren – auch ins benachbarte Ausland. Drittens ist das Diebesgut einfach in der Wohnung oder in einer Garage zu verstecken. Viertens lassen Fahrräder sich rasch zu Geld machen.

Illegaler Handel floriert

Die wenigsten Diebe klauen das Fahrrad für den Eigenbedarf. Vielmehr geht es ihnen um den finanziellen Vorteil – sie verkaufen entweder das gesamte Fahrrad oder sie zerlegen es und versilbern die Einzelteile. Auf Internetplattformen gibt es einen florierenden Handel von privat zu privat. Da spielen leider auch die Käufer mit. Angesichts eines günstigen Gebrauchtrades verlangt kaum jemand einen Nachweis, dass der Verkäufer wirklich der rechtmäßige Besitzer ist. Oder man lässt sich mit der Ausrede abspeisen, dass die Händlerrechnung leider verloren gegangen sei. Abgesehen davon werden immer wieder Fälle aufgedeckt, in denen unseriöse Händler Räder aus dubiosen Quellen auf- und weiterverkaufen und damit ein gutes Geschäft machen.

In diesem Zusammenhang eine Warnung an Fahrradkäufer: Muss man Zweifel an der Redlichkeit des Anbieters haben und kauft das Rad trotzdem, kann man sich später nicht auf „gutgläubigen Erwerb" berufen. Sollte also auffliegen, dass das Rad ursprünglich gestohlen war, muss man es dem rechtmäßigen Besitzer zurückgeben. Und man kann noch von Glück reden, wenn man nicht wegen Hehlerei belangt wird.

Damit die Freude am eigenen Drahtesel lange währt, muss man ihn richtig schützen

Vorsichtsmaßnahmen

Als Radbesitzer kann man einiges dafür tun, dass der eigene Drahtesel nicht unbefugt den Besitzer wechselt. Die Investition in ein ordentliches Schloss sollte einem, so die Faustregel, nochmals rund 10 Prozent des Kaufpreises wert sein. Aber man muss diese mechanische Sicherung natürlich auch konsequent anwenden. Also selbst dann, wenn man das Zweirad nur kurz abstellt oder es in Sichtweite parkt, muss das Schloss abgesperrt werden.

Die Experten vom Bundeskriminalamt haben ein paar Tipps zusammengestellt, mit deren Befolgung man zumindest Gelegenheitsdieben ins Handwerk pfuschen kann. Dazu zählt:

- Das Fahrrad an einem fix verankerten Gegenstand befestigen (Laternenpfahl, Fahrradabstellanlage). Diebe greifen immer an der schwächsten Stelle an. Dünne Holzpfähle z.B. zersägen sie im Nu. Ist das Fahrrad nur ab-, aber nicht angeschlossen, schleppen sie es einfach weg.
- Stark frequentierte, gut beleuchtete Abstellplätze wählen. Das erhöht für den Dieb das Risiko, enttarnt zu werden. Und es schützt überdies bis zu einem gewissen Grad vor Vandalismusschäden.
- Das Rad nicht immer am selben Platz abstellen.
- Rahmen, Vorder- und Hinterrad mit einem Spezialkabel sichern.
- In Gepäcktaschen, Körben oder am Gepäckträger keine wertvollen Gegenstände zurücklassen.
- Teure Komponenten (Licht, Computer) abnehmen.

Stabile Befestigungsmöglichkeiten sind gefragt

Abstellraum und Hinterhof

Daheim sollte man sein Rad nach Möglichkeit von der Straße her uneinsehbar im Hinterhof oder – so vorhanden – in einem Fahrradabstellraum deponieren. Damit steht es wenigstens nicht auf dem Präsentierteller. Wirklich sicher ist es freilich nicht, da Abstellräume in Mehrparteienhäusern oft unzureichend gesichert sind. Außerdem wissen die Profis das natürlich. Sie verschaffen sich Zutritt zum Haus und gehen im Inneren

Registrierung und Fahrradpass

Ein gestohlenes Fahrrad sieht man kaum mehr wieder. Das liegt nicht allein daran, dass die Diebe nicht erwischt werden. Die Behörden sitzen auf Bergen sichergestellter Fahrräder, deren rechtmäßigen Besitzer nicht ermittelt werden können. Sinnvoll ist es daher, sein Fahrrad schon beim Kauf registrieren zu lassen. Das ist zum Beispiel bei vielen Händlern sowie bei ÖAMTC und ARBÖ möglich. Das Rad wird dann in einer Datenbank erfasst (z.B. fase24 – www.fase24.eu) und kann im Fall der Wiederauffindung dem Bestohlenen zugeordnet werden. Die Kosten liegen bei etwa 10 Euro, einmalig. Ein entsprechendes Hinweispickerl am Rad macht dieses für Diebe uninteressant. Die Polizei appelliert überdies an die Radbesitzer, einen Fahrradpass zu verwenden. Darin werden u.a. Hersteller, Typ, Rahmennummer und besondere Merkmale notiert. Er dient als Eigentumsnachweis und hilft bei der Fahndung. Formulare gibt es bei den Polizeidienststellen und zum Herunterladen auf der Website des Bundeskriminalamtes.

auf Beutezug. Kein Wunder, dass Eigner teurer Räder diese oft mit in die Wohnung nehmen und das Vorzimmer oder den Balkon als Fahrradgarage zweckentfremden.

Müssen Sie Ihr Rad auf der Straße parken, macht es Sinn, wenigstens den Sattel abzumontieren. Dank Schnellverschluss ist das meist nur ein Handgriff. Ein satteloses Rad mag für einen Dieb weniger attraktiv sein als ein komplettes. Abgesehen davon bleibt der Sattel länger schön, da er nicht den Witterungseinflüssen ausgesetzt ist.

Schlösser für Fahrräder

Das Um und Auf bei der mechanischen Sicherung ist ein stabiles Fahrradschloss. Dieses sollte folgende Merkmale aufweisen: sicher und widerstandsfähig, handlich und leicht, günstig und hochwertig. In der Praxis haben sich vor allem vier Typen als besonders wirkungsvoll erwiesen:

Ketten aus gehärtetem Spezialstahl. Sie sind echte Schwergewichte. Unter einer Ummantelung befinden sich Kettenglieder, die mit einem Vorhangschloss oder mit speziellen Schließmechanismen verbunden sind.

Schwer, aber effektiv: massive Ketten

Bei einer Länge von rund 100 Zentimetern kann man damit den Rahmen und ein Rad auch an einen dicken Pfahl binden.

Bügelschlösser. Die Kombination von einem U-förmigen Bügel aus Spezialstahl und einem abnehmbaren Querbügel erweist sich in Tests als sehr effektiv. Nachteile sind das hohe Gewicht und die geringe Flexibilität. Ein Rad damit an dicken Pfählen zu sichern, ist praktisch unmöglich. Für den Transport gibt es spezielle Halterungen am Rahmen.

Faltschlösser. Sie funktionieren nach dem Zollstockprinzip; das heißt, starre Elemente sind beweglich zusammengenietet. Ihr größter Vorteil ist, dass sie sich platzsparend zusammenklappen lassen.

Panzerkabelschlösser. Eine Weiterentwicklung der früher üblichen Spiralschlösser. Unter einer Kunststoffhülle verbergen sich eine Vielzahl ineinandergreifender Metallsegmente sowie ein gespanntes Drahtseil. Diese Schlösser sind leicht und flexibel. Billige Modelle bieten allerdings oft keine ausreichende Sicherheit. Panzerkabelschlösser sind eher als Zweitschloss zur Ergänzung zu empfehlen.

Keine Norm

Für Fahrradschlösser gibt es derzeit keine allgemeingültige Norm. Vielmehr haben die Hersteller jeweils ihre eigenen Kriterien, um den Sicherheitsstandard zu klassifizieren. Ein führender deutscher Produzent beispielsweise teilt seine Produkte in 15 Sicherheitsklassen ein, ein anderer in sechs. Ein Mitbewerber aus den USA kennt die Klassen 1 bis 10. Wie auch immer: je größer die Zahl, desto höher der Widerstandswert. In die individuelle Kaufentscheidung sollten der Wert des Rades, der übliche Abstellort sowie die Abstelldauer einfließen.

Ein gutes Fahrradschloss sollte drei Minuten vor Diebstahl schützen. Schlösser zum Diskontpreis schaffen das nicht, wie ein Test der Stiftung Warentest im Jahr 2015 zeigte. Hundertprozentige Sicherheit gibt es ohnehin nicht. Völlig überholt sind jedenfalls Spiralschlösser, die Vorläufer der Panzerkabel. Die durchtrennt ein Dieb mit einem Seitenschneider oder einem kleinen Bolzenschneider in Sekundenschnelle.

Hochwertige Faltschlösser bieten einen guten Schutz vor Diebstahl

Schlüssel oder Zahlenkombination

Für den Schließmechanismus gibt es zwei Ausführungen: Zylinderschloss mit Schlüssel und Zahlenkombinationsschloss mit vier Stellen. Beide haben ihre Vor- und Nachteile. Experten empfehlen eher die Schlüssel-Variante, weil der Dieb ein Werkzeug braucht, um das Schloss nachzusperren („Picking", siehe ▶ Seite 50). Das Risiko dabei ist, dass man den Schlüssel verliert.

Bei Zahlenkombinationsschlössern braucht man sich nur den Code zu merken – dass ein Dieb genug Zeit hat, den durch Probieren herauszufinden, ist unwahrscheinlich. Dennoch rät die Stiftung Warentest von diesen Schlössern ab. Nicht der Code ist das Problem, sondern die unzureichende mechanische Widerstandsfähigkeit des Gehäuses.

Zahlenschloss mit vier Stellen

Komponentensicherung

Manche Diebe haben es gar nicht auf das komplette Rad, sondern auf leicht demontierbare Komponenten abgesehen, etwa den Sattel oder das Vorderrad. Für die Befestigungsmuttern gibt es neuerdings spezielle Sicherungen zum Aufsetzen, die sich nur öffnen lassen, wenn das Fahrrad auf der Seite liegt. Ist es aufrecht stehend abgesperrt, beißt sich ein Dieb daran die Zähne aus.

Alarm und Ortung

Eine Alarmanlage für das Fahrrad? Gibt es die, und zahlt sich das aus? Angesichts des Booms an Elektrorädern und Hochtechnologie-Mountainbikes, die gut und gern ein paar Tausend Euro kosten, ist diese Frage gar nicht so absurd.

Einfache Alarmschlösser, wie sie für Motorräder gedacht sind (▶ Seite 144), lassen sich beispielsweise auch auf den Bremsscheiben mancher Fahrräder befestigen. Ein Erschütterungssensor lässt den Alarm losheulen, sobald das Rad bewegt wird. Das schlägt selbst hartgesottene Diebe in die Flucht!

Hilfe aus dem Weltall

Eine Fahrzeugortung via Satellit im Weltall gibt es nicht nur wie beschrieben für Autos und Motorräder, sondern längst auch für Fahrräder. Ein kleiner Sender, möglichst unsichtbar am Rad montiert, gibt Signale ab. Man braucht keine Alarmzentrale, die die GPS-Signale empfängt, sondern der Besitzer selbst kann auf seinem Smartphone das Fahrrad jederzeit orten, wenn ein Unbefugter damit davonradelt. Voraussetzung ist die Verwendung einer entsprechenden App. Man kann dieses Radzubehör zum Nachrüsten ab 10 Euro im Internet bestellen.

Chips bald serienmäßig eingebaut

Manche Hersteller von teuren Elektrobikes statten ihre Modelle bereits jetzt ab Werk mit einem im Rahmen versteckten Chip aus. Fahrradhändler erwarten, dass ab dem Modelljahrgang 2018 die meisten Räder oberhalb der 1.000-Euro-Klasse diese Funktion serienmäßig eingebaut haben werden. Das ist einem Nachrüstbausatz auf jeden Fall vorzuziehen.

Die Fahrradortung per Handy-App steckt allerdings noch in den Kinderschuhen. Einige Fahrradexperten warnen, dass das System in der Praxis noch nicht zuverlässig funktioniere. Sie raten, mit der Anschaffung zu warten, bis die Geräte besser ausgereift sind.

Fahrrad versichern

In Haushaltsversicherungen sind meistens die Fahrräder inkludiert. Voraussetzung ist, dass sie im Inneren des Hauses versperrt(!) abgestellt waren (Abstellraum, Keller). Doch Vorsicht: Es sind Fälle bekannt, in denen die Versicherungsgesellschaft nach mehreren Schadensfällen den Vertrag kündigte bzw. auf Herausnahme der Fahrräder aus der Deckung bestand. Fahrradbesitzer können ihre Drahtesel auch extra versichern lassen. Möglich ist das über den Händler, über Autofahrerorganisationen oder beispielsweise die Radlobby ARGUS. Die Jahresprämie beträgt etwa 10 bis 12 Prozent des Neuwerts. Auf Wunsch sind Vandalismusschäden eingeschlossen, teilweise gegen Aufpreis. Manche Anbieter gewähren einen kleinen Prämiennachlass, wenn man das Rad zentral registrieren lässt (▶ Seite 149). Einige Versicherungen knüpfen den Schadenersatz an ein Schloss, das einem bestimmten Mindeststandard entspricht, abhängig vom Neuwert des Rades. Studieren Sie die entsprechenden Vertragsklauseln daher genau!

Schutz vor fiesen Tricks

– So sind Sie und Ihr Geld sicher unterwegs
– Trickdiebstahl: Die gängigsten Maschen
– Gehen Sie Internetbetrügern nicht ins Netz

Die ewige Gier nach Geld

Nicht nur in Zusammenhang mit Wohnungen, Häusern und Fahrzeugen läuft man Gefahr, durch Verbrechen zu Schaden zu kommen. „Das Böse ist immer und überall", sang die Austropop-Band EAV vor einigen Jahren. Freilich muss man nicht befürchten, als unbescholtener Bürger könne man sich heute nicht mehr vors Haus trauen, ohne Opfer von Kriminellen zu werden. Aber fast jeder von uns kennt wohl jemanden in seinem engeren Umfeld, der Opfer eines der in diesem Kapitel beleuchteten Delikte geworden ist. Vielleicht sind es sogar Sie höchstpersönlich?

Es ist eine bedauerliche Tatsache, dass die Gier nach fremdem Geld und Eigentum die Menschen immer schon sehr erfinderisch gemacht hat. Durch die Möglichkeiten, die das Internet bietet, sind in jüngster Zeit neue Verbrechensfelder entstanden (Stichwort Cyberkriminalität). Vorsicht ist also angebracht. Je mehr Sie über die fiesen Tricks der Gauner wissen, desto besser sind Sie dagegen gewappnet.

Raub, Diebstahl, Betrug

Eines haben diese drei Deliktgruppen gemeinsam: Es geht den Tätern darum, Bargeld oder Wertgegenstände zu erbeuten; oder Dinge, die sie

Kleines Delikte-Lexikon

Raub. Dabei setzt der Täter körperliche Gewalt gegen das Opfer ein oder droht nachdrücklich mit Gewalt gegen Leib und Leben (Prügel, Messer, Schusswaffe etc.). Erfolgt die Drohung nur verbal („Gib mir deine Geldbörse, sonst ..."), gilt dies juristisch als „räuberischer Diebstahl".
Diebstahl. Hier ist keine Gewalt im Spiel, sondern die Täter nutzen eiskalt die Unachtsamkeit des Opfers aus, um in einem unbeobachteten Moment z.B. seine Handtasche oder die Geldbörse zu stehlen.
Trickdiebstahl. Dabei lenken die Gauner mit einem bestimmten Manöver die Aufmerksamkeit des Opfers gezielt ab, um es zu bestehlen.
Betrug. In diesem Fall nutzen die Täter die Unwissenheit oder Gutgläubigkeit der Menschen auf perfide Weise aus. Unter Vorspiegelung falscher Tatsachen wird ihnen das Geld aus der Tasche gelockt.

zu Geld machen können. Die Opfer haben nicht nur einen materiellen Schaden, das Geschehen hinterlässt auch emotional tiefe Spuren. Sie sind verunsichert und haben Angst, es könnte wieder passieren. Und viele schämen sich, wenn sie entdecken, dass sie auf einen gemeinen Trick hereingefallen sind. Die Folge: Sie erzählen niemandem davon, aus Angst, neben dem Schaden auch noch den Spott zu haben. Und sie verzichten aus diesem Grund auf eine Anzeige bei der Polizei. Genau damit spekulieren die Verbrecher – und das macht es ihnen leicht, ungestraft davonzukommen und neue Opfer zu finden. Gerade das sollte nicht passieren. Gehen Sie auf jeden Fall zur Polizei und erstatten Sie Anzeige. Sie brauchen sich nicht zu schämen. Denn wie gesagt: Das kann jedem passieren.

Unbedingt Anzeige erstatten

Sicherheit außer Haus

Verlässt man die eigenen vier Wände, ist man quasi ungeschützt unterwegs und bietet vielerlei Angriffsflächen für kriminelle Machenschaften. Es besteht allerdings kein Grund zur Panik. Die Wahrscheinlichkeit, in unserem Land auf offener Straße in ein Verbrechen verwickelt zu werden, ist zum Glück sehr gering. Trotzdem sollte man nicht zu fahrlässig sein und sich lieber auf allerlei Risiken einstellen.

Handtaschenraub

Dass harmlose Passanten unterwegs womöglich mit vorgehaltener Waffe ihrer Geldbörsen und Juwelen beraubt werden, das kommt laut Polizei in Österreich recht selten vor. Diese Form der Raubkriminalität ist in anderen Weltgegenden wesentlich stärker verbreitet. Sehr wohl aber treten speziell in der Großstadt immer wieder Handtaschenräuber auf den Plan. Sie bevorzugen Opfer, die ihnen körperlich unterlegen sind, also vor allem Seniorinnen oder gebrechliche Menschen. Sie folgen diesen „Zielpersonen" einige Zeit, um ihnen dann in einem günstigen Augenblick die Tasche zu entreißen. In der Hoffnung, dass sie darin Geld, Kreditkarten und andere verwertbare Gegenstände finden.

Leider gehen einige Täter dabei sehr brutal vor. Immer wieder passiert es, dass die Opfer bei der Attacke zu Sturz kommen und sich schwer verletzen. Vor allem dann, wenn sie sich reflexartig an die Tasche klammern und den Raub vereiteln wollen. Handtaschenräuber kommen oft aus dem kleinkriminellen Milieu (Drogenszene, Jugendbanden) und sind in der Regel Serientäter.

Tipp. Tragen Sie die Handtasche immer nah am Körper. Am besten nicht einfach über die Schulter hängen, sondern mit einem langen Riemen quer über den Oberkörper.

Handydiebstahl

Gibt es noch Menschen, die kein Mobiltelefon besitzen? Man sollte meinen, dass Handys daher als Beute kaum einen Wert haben. Weit gefehlt! Einerseits sind manche dieser Hochleistungsgeräte schon aus Prestigegründen für Räuber und Diebe interessant. Andererseits ist es verlockend, zumindest einige Zeit auf fremde Rechnung kostspielige Telefonate zu führen.

Ihr Handy sollten Sie daher genauso im Auge behalten wie Ihre Brieftasche oder Ihre Wohnungsschlüssel. Legen Sie es in Lokalen niemals offen auf dem Tisch, der Bank oder der Theke ab. Abgelenkt ist man rasch, und schon ergibt sich für einen Dieb eine günstige Gelegenheit. Lassen Sie Ihr Mobiltelefon nicht in Jacke, Mantel oder Rucksack, wenn diese unbeaufsichtigt in einer Garderobe hängen.

Handy stets sorgfältig verwahren

Vielen Zeitgenossen dient das Smartphone überdies als eine Art elektronisches Gedächtnis. Adressen, Telefonnummern, Termine und Korrespondenzen sind darauf gespeichert. Dass diese persönlichen Daten weg sind bzw. in falsche Hände geraten, ist für die Bestohlenen oft noch schmerzhafter als der unmittelbare finanzielle Schaden.

Tipp. Mobiltelefon immer möglichst nah am Körper tragen! Unbedingt mit einem PIN-Code sichern, selbst wenn das den Bedienungskomfort einschränkt. Die Geheimzahlen PIN und PUK niemals auf dem Gerät notieren, sondern getrennt aufbewahren. Angemeldete Telefone im Fall eines Diebstahls sofort beim Netzbetreiber sperren lassen. Erstatten Sie Anzeige bei der Polizei unter Angabe der 15-stelligen IMEI-Nummer. Mit

Schutz vor fiesen Tricks

Killerschalter

Einige Smartphones sowie Apple-Geräte neuerer Generation bieten überdies eine Funktion, die manchmal als „Kill-Switch" (frei übersetzt also „Mörderschalter") bezeichnet wird. Wird das Handy gestohlen, kann der rechtmäßige Besitzer es via PC oder über ein anderes Smartphone orten und es aus der Distanz gegebenenfalls stilllegen, persönliche Daten löschen, die Kamera aktivieren (um den Dieb sehen und fotografieren zu können) oder auf enervierendes Dauerläuten schalten. Die Funktionen unterscheiden sich von Betriebssystem zu Betriebssystem. iPhones haben eine eigene App, Android-Geräte kann man bei Google registrieren lassen. Über das Google-Konto kann das gestohlene Handy lokalisiert und blockiert werden.

der IMEI-Nummer (das steht für International Mobile Station Equipment Identity) lässt sich jedes Gerät eindeutig identifizieren. Das ist wichtig im Fall des Verlusts. Sie sollten die Nummer notieren und getrennt aufbewahren. Zu finden ist sie auf der Originalverpackung, auf der Rechnung, auf dem Gerät (meist unter dem Akku-Einschub) oder durch Eingabe der Tastenkombination *#06# .

Bankanschlussdelikte

Beim oder nach dem Erledigen von Bankgeschäften ist man besonders gefährdet, Opfer von Dieben oder gar Räubern zu werden. Diese Art von Verbrechen heißt daher Bankanschlussdelikt.

Der Täter beobachtet potenzielle Opfer bereits in der Bank oder durch die Auslagenscheiben des Geldinstituts. Wenn er erkennt, dass sich eine Person eine höhere Geldsumme hat auszahlen lassen, heftet er sich an deren Fersen. Bevorzugte Ziele sind ältere und womöglich bereits gebrechliche Menschen. Am Nachhauseweg entreißt der Räuber dem Opfer dann die Tasche, oder er stiehlt sie in einem unbemerkten Augenblick. Vielleicht folgt er dem Opfer bis nach Hause – beim Öffnen der Tür und Betreten der Wohnung ist die Gefahr besonders hoch. Wenn sich der Bankkunde quasi schon im sicheren Hafen wähnt und die Aufmerksamkeit nachlässt, ist das aus Sicht der Täter der ideale Moment für einen Überraschungsangriff.

Die Geldbehebung am Automaten ist eine heikle Situation

Andere Täter wiederum lauern in der Nähe von Geldausgabeautomaten (Bankomat). Ehe der Bankkunde die eben behobene Summe verstauen kann, springen sie hinzu und entreißen ihm die Scheine.

Tipp. Beharren Sie schon in der Bank auf Einhaltung der Diskretzone. Wollen Sie größere Summen bar beheben, so kündigen Sie das beim Geldinstitut telefonisch an. Lassen Sie sich das Geld in einem nicht einsehbaren Nebenraum auszahlen. Organisieren Sie sich selbst Begleitung oder fragen Sie in der Bank danach. Wenn Sie beim Verlassen der Filiale etwas Verdächtiges bemerken, gehen Sie zurück und erstatten Sie Meldung! Bei Bankomatbehebungen verwenden Sie nach Möglichkeit Geräte in Bankfoyers. Diese sind videoüberwacht, was die meisten Täter abschreckt.

Bankomatmanipulation/Skimming

Nicht im engeren Sinn ein Bankanschlussdelikt, aber doch mit Geldauszahlung am Automaten verbunden ist eine Technik namens „Skimming". Der englische Begriff bedeutet „Abschöpfen" oder „Absahnen" und steht für eine Methode, illegal elektronische Daten von Zahlungskarten (Bankomatkarte und Kreditkarte) auszuspähen.

Die Vorgehensweise der nach Polizeierkenntnissen meist gut organisierten ausländischen Banden ist folgende: Um in den Besitz der Kartendaten zu kommen, installieren die Täter vor dem Karteneinschubschacht der Geldautomaten ein manipuliertes Kartenlesegerät oder sogar eine vollständige Frontplatte. Diese manipulierten Kartenleser sind für Laien meist nicht zu erkennen und so hergestellt, dass die eingeschobene Bankkarte durch das illegale Lesegerät zum originalen Kartenleser weitertransportiert wird. So werden die Kontodaten ausgelesen und gespeichert, ohne dass die Bedienung des Geldausgabeautomaten beeinträchtigt und der Kunde misstrauisch wird.

Um an die PIN zu gelangen, wird das Eintippen der PIN-Nummer mit einer Kamera oder einem Foto-Handy aufgezeichnet. Es gibt hierbei verschiedene Örtlichkeiten, die (Mini-)Kamera oder das Foto-Handy so zu installieren, dass es über einen längeren Zeitraum die PIN-Eingaben aufzeichnen kann. Manchmal kommt auch eine wie echt wirkende Tastaturattrappe zum Einsatz.

Schutz vor fiesen Tricks

Mit den auf kriminelle Art erlangten Daten werden Kopien von Zahlungskarten angefertigt. Damit können die Täter im (außereuropäischen) Ausland Geld von den Konten der Opfer abheben.

Eine deutliche simplere Methode, die in Österreich früher angewandt wurde, ist eine mechanische Blockade der Geldausgabe. Für den Kunden nicht erkennbar verhindert ein Klebestreifen, dass die Scheine aus dem Schlitz kommen. Das Gerät bricht den Vorgang ab, der Kunde glaubt an einen Defekt und zieht verärgert von dannen. Daraufhin entfernen die Täter die Blockade wieder und können nun das Bargeld in Empfang nehmen.

Wegen der Einführung besserer Sicherheitsstandards sowohl an den Automaten als auch an den Karten funktionieren diese beiden Maschen in Österreich und Deutschland kaum noch und sind daher stark zurückgegangen. Im Ausland ist die Situation hingegen nicht so rosig.

Tipp. Achten Sie darauf, dass die Eingabe des PIN-Codes nicht von anderen Personen beobachtet werden kann. Decken Sie während des Eintippens das Tastenfeld mit der Hand oder einem Gegenstand so ab, dass das Ausspähen per Kamera oder Handy unmöglich ist. Sollten Sie mehrere Karten besitzen, bedienen Sie den Türöffner zum Bankfoyer mit einer anderen Karte als jener, mit der Sie Geld beheben möchten. Wenn Ihnen an einem Geldautomaten etwas ungewöhnlich vorkommt und Sie den Verdacht der Manipulation hegen (lockere Teile, Klebstoffreste etc.), nutzen Sie das Gerät nicht, sondern verständigen Sie die Polizei und/oder das Geldinstitut. Zudem sollten Sie möglichst oft Ihre Kontoauszüge kontrollieren und Auffälligkeiten sofort mit der Bank abklären.

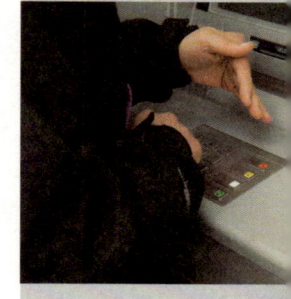

Code-Eingabe mit der Hand oder einem Gegenstand abdecken

Trickdiebe austricksen

Die Zunft der Trickdiebe ist erfinderisch und erweitert ihr Repertoire beständig. Zu althergebrachten Maschen kommen immer wieder neue Finten dazu. In diesem Abschnitt werden die gängigsten aufgezählt – und wir erläutern, wie man sich dagegen wappnet.

Geldwechseltrick

Gewiefte Betrüger und Betrügerinnen probieren es immer wieder mit der Geldwechselmasche. Sie betreten ein Geschäft oder eine Bank und bitten, ob man einen 100-Euro-Schein wechseln kann. Während des Wechselvorgangs ändern sie ein paarmal den Wunsch nach der Stückelung der Scheine und verwirren somit ihre Opfer. Am Ende sind dann die „Kunden" weg – und mit ihnen eine erkleckliche Zahl von Banknoten.

Geldsammler-Trick

Ähnlich funktioniert ein Modus, mit dem die Polizei in Österreich in jüngster Zeit häufiger konfrontiert ist. Ein seriös gekleideter Mann betritt ein Geschäft oder eine Bank – vorzugsweise kurz vor Geschäftsschluss und wenn gerade reger Kundenverkehr herrscht. Er äußert eine ungewöhnliche Bitte, die ungefähr so lautet: Er sei Sammler, aber er sammle ausschließlich 50-Euro-Scheine, die mit einer bestimmten Ziffernkombination beginnen. Ob man nicht in der Kassa nachschauen könnte ... Steigt das Opfer darauf ein und schaut gemeinsam mit dem vorgeblichen Sammler die Geldbündel durch, hat es schon verloren. Wenn der Trickdieb weg ist, fehlen garantiert einige Hundert Euro in der Kassa.

Taschendiebstahl

Zur Klarstellung: Darunter versteht die Kriminalpolizei nicht die Entwendung der gesamten Tasche, sondern den Diebstahl aus einer Tasche. Das können Handtasche und Rucksack sein, genauso aber Hosentasche, Manteltasche oder die Innentasche eines Sakkos. Auch in dieser Zunft gibt es einerseits die Gelegenheitstäter, die sich eben rasch einmal aus einer nachlässig geöffneten Handtasche bedienen. Und andererseits die Täter, die sich gezielt auf Beutezug begeben. Oft handelt es sich um Tätergruppen, die arbeitsteilig vorgehen: Eine Person lenkt ab, eine begeht den Diebstahl, und jemand Dritter nimmt flugs die Beute entgegen und läuft weg. Selbst wenn man den eigentlichen Dieb ertappt und festhält, lässt sich nichts nachweisen. Denn der hat das Geld längst nicht mehr bei sich.

Schutz vor fiesen Tricks

Kinder als Taschendiebe

Eine besonders widerwärtige Facette des Taschen- und Trickdiebstahls ist der gezielte Einsatz von Kindern. International agierende Clans bilden vor allem Mädchen im Alter von 10 bis 14 Jahren als Taschendiebinnen aus und schicken sie unter Zwang auf Beutezug. Wenn sie ihr Tagessoll nicht erfüllen, drohen Misshandlungen.

Ein konkretes Beispiel aus Wien: Dort meldete die Polizei im April 2017 die Ausforschung einer international agierenden kriminellen Organisation, die insgesamt 27 junge Mädchen für sich arbeiten ließ. Mehrere Hintermänner wurden verhaftet. Der Bande konnten insgesamt 650 Fälle nachgewiesen werden, der Schaden wurde mit fast 300.000 Euro beziffert – wohl nur die Spitze des Eisbergs.

Hier ein Überblick über die in Österreich gängigsten Maschen der Taschendiebe:

Stadtplan-Trick. „Touristen" fragen nach dem Weg, nach einem Hotel oder einer Sehenswürdigkeit. Dann beginnen sie, umständlich mit dem Stadtplan zu hantieren, sodass dem auskunftswilligen Opfer die Sicht genommen ist. Meist arbeiten die Täter(innen) wie oben beschrieben im Team.

Rempeltrick, Drängeltrick. Das Opfer wird im Gedränge (U-Bahn, Autobus, Weihnachtsmarkt etc.) angerempelt und so abgelenkt. Der Täter oder ein Komplize greift unbemerkt in die Tasche. Oder der Täter rückt in vollen Verkehrsmitteln unangenehm nahe an das potenzielle Opfer heran. Wendet sich dieses ab, erfolgt der Griff in die Tasche.

Beschmutzertrick. Dabei wird das Opfer „versehentlich" mit Eis, Ketchup oder dergleichen beschmutzt. Der scheinbar reuige Täter hilft dann tatkräftig bei der Reinigung. Das gibt ihm Gelegenheit, unbemerkt die Börse zu stehlen.

Die miesen Maschen der Taschendiebe

So schützen Sie sich außer Haus

Geld sicher transportieren

Um Taschen- und Trickdieben ihr Gewerbe möglichst schwer zu machen, gibt es eine Vielzahl von Vorsichtsmaßnahmen, deren Befolgung nichts kostet.

Das beginnt damit, wo und wie Sie Ihr Geld, Ihre Dokumente oder Ihre Wertgegenstände unterwegs verstauen. Alle Außentaschen Ihrer Bekleidung sind besonders ungeeignet, nicht nur wegen der Diebstahls-, sondern auch wegen der Verlustgefahr. Das Portemonnaie gehört nicht in die Gesäßtasche – wenn schon Hose, dann eine vordere Tasche. Deutlich mehr Sicherheit bieten Bauchtaschen oder spezielle Gürtel mit Fächern für Geld oder Reisedokumente, möglichst unsichtbar unter dem Gewand getragen.

Bei Taschen und Rucksäcken wird mitunter auf das Schließen vergessen. Wertvolles sollten Sie nie in den leicht zugänglichen Außenfächern deponieren. Das Material spielt ebenfalls eine Rolle. Viele preiswerte Taschen und die bei Männern wie Frauen seit einigen Jahren in den Städten so beliebten Alltagsrucksäcke sind aus einem leichten Material gefertigt. Sie leisten einem scharfen Messer kaum Widerstand. „Schlitzer" treten in Österreich zwar selten in Erscheinung, auf Urlaubsreisen ist jedoch erhöhte Wachsamkeit geboten!

Besonders gefährdet sind Sie in dieser Hinsicht auf nächtlichen Bahnreisen. So mancher Tourist ist in der Früh ohne Geld und Pass aufgewacht! Taschen waren entweder komplett weg oder aufgeschnitten. Wenn Sie im Zug schlafen: potenzielles Beutegut unsichtbar unter der Kleidung aufbewahren.

Taschen an der Vorderseite tragen. Die Art, wie Sie eine Tasche mit sich führen, verdient ebenfalls Augenmerk. Nicht einfach hinter dem Rücken über die Schulter baumeln lassen. An der Vorderseite Ihres Körpers haben Sie persönliche Gegenstände besser im Blick. Lassen Sie Taschen niemals im Restaurant am Tisch zurück – beispielsweise, wenn Sie aufs WC gehen oder vor dem Lokal eine Rauchpause machen. Achten Sie im Supermarkt darauf, dass die Handtasche nicht im unbeaufsichtigten Einkaufswagen

So nicht: Tasche hinter der Schulter – Geld besser in Bauchtaschen verstauen, Rucksäcke vor dem Körper tragen

zurückbleibt. Und nicht zuletzt: Hantieren Sie in Gegenwart unbekannter Personen niemals offen mit Bargeld oder Kreditkarten. Bankomatkarten und Codes keinesfalls gemeinsam aufbewahren.

Abwehr von Überfällen

Es gibt sehr wohl Möglichkeiten, sich zu schützen bzw. Angreifer in die Flucht zu schlagen. Das gilt für Fälle mit Raubabsicht wie auch für sexuell motivierte Attacken.

Pfefferspray: nicht ratsam. Von Anbietern im Internet werden Pfeffersprays oftmals als Wunderwaffe für den persönlichen Schutz dargestellt. Aus einer kleinen Spraydose, die leicht in Handtasche oder Jackentasche passt, sprüht das Opfer Reizgas in die Augen des Angreifers, was zu starken Schmerzen und kurzzeitiger Blindheit führt. In Österreich ist der Einsatz gegen Menschen erlaubt – allerdings nur, wenn eindeutig eine Notwehrsituation vorliegt! Andernfalls macht man sich unter Umständen strafbar. Überdies gelten Pfeffersprays in Österreich als Waffen im Sinne des Waffengesetzes. Personen unter 18 Jahren dürfen sie nicht besitzen und nicht bei sich tragen. Davon abgesehen rät die Polizei von Pfeffersprays als Selbstverteidigungsmittel generell ab. Begründung: Bei falscher Anwendung schadet man sich selbst. Erfolgt der Druck auf den Sprühknopf nicht stark genug, zerstäubt der Inhalt der Dose nicht, sondern rinnt auf die eigenen Hände, was schmerzhafte Hautverätzungen zur Folge hat. Außerdem ist es schon vorgekommen, dass der Angreifer den Pfefferspray an sich gebracht und gegen das Opfer eingesetzt hat.

Taschenalarm: zu empfehlen. Die Experten der Polizei raten zur Anschaffung eines Taschenalarms, der nur wenige Euro kostet und dennoch sehr effektiv ist. Die Geräte sind kaum so groß wie eine Zigarettenschachtel und lassen sich vielfältig einsetzen – sowohl bei persönlichen Attacken wie auch als Diebstahlschutz. Der batteriebetriebene Taschenalarm besteht aus einer Box mit einer eingebauten Alarmsirene und einem Blinklicht. Wird der Sicherungsstift gezogen, ertönt ohrenbetäubendes Geheul (die Lautstärke beträgt 130 Dezibel – das entspricht dem Lärmpegel eines startenden Düsenflugzeugs). Trägt man das Gerät beispielsweise nachts griffbereit bei sich, kann man mit einem Handgriff jederzeit ein nervtötendes Spektakel veranstalten. Werfen Sie dann die Box für den Täter unerreichbar fort. Es ist sehr wahrscheinlich, dass er daraufhin sein Vorhaben aufgibt. Außerdem werden durch den Lärm mögliche Helfer auf das Geschehen aufmerksam. Gegen Handtaschenraub wappnet man sich, indem man die Box in der Tasche platziert und die Karabinerschlaufe des Sicherungsstiftes zum Beispiel am Hosenbund befestigt. Will ein Räuber mit der Tasche fliehen, wird automatisch der Sicherungsstift gezogen und der Alarm in der Tasche ausgelöst. Die meisten Täter werden dann die Tasche flugs fallen lassen. Diese Sicherungsmethode ist auch bei Rucksäcken oder Laptoptaschen wirksam. Mittels einer mitgelieferten Klemmvorrichtung lassen sich sogar Türen und Fenster sichern. Und noch ein großes Plus: Die Alarmbox darf auch von Personen unter 18 Jahren völlig legal mitgeführt werden.

Waffen: so gut wie verboten

Erwerb und Besitz von (Schuss-)Waffen sind in Österreich stark eingeschränkt. Das legale Mitführen von Waffen außerhalb der eigenen vier Wände ist besonders stark gefährdeten Berufsgruppen vorbehalten. Allein schon deshalb kommen Waffen als Mittel zur Selbstverteidigung auf der Straße kaum infrage – abgesehen von den Risiken, die mit einem Schusswaffeneinsatz verbunden sind. In Österreich ebenfalls für Privatpersonen verboten sind Elektroschockgeräte (Taser).

Gefahr zu Hause

Man muss die eigenen vier Wände gar nicht verlassen, um einem Täuschungsmanöver aufzusitzen. So mancher Coup beginnt an der Wohnungstür. Oder er wird per Telefon eingefädelt, wie das folgende Beispiel zeigt.

Neffentrick

Eine besonders perfide Masche ist der sogenannte „Neffentrick", auch als „Enkeltrick" bekannt. Er bezieht seinen Namen daraus, dass vorgebliche Verwandte den – meist betagten – Opfern unter einem Vorwand hohe Geldsummen herauslocken. Die Gauner benötigen zwar viele Anläufe, bis sie einen Treffer landen, aber der Schaden ist dann meist besonders hoch. Bei den „Neffen-Banden" handelt es sich häufig um gut organisierte Tätergruppen, deren Hintermänner in Osteuropa sitzen und die dort ein Leben in Saus und Braus führen.

Es beginnt damit, dass die Täter aus dem Telefonbuch Teilnehmer heraussuchen, die offensichtlich alleine leben und deren Vornamen auf ein höheres Alter schließen lassen. Das Kalkül ist, dass die Senioren gutgläubig, vielleicht schon ein wenig verwirrt sind und dass sie überdies einiges an Geld auf der hohen Kante haben.

Gaunerbanden haben es auf betagte Opfer abgesehen

Es beginnt in der Regel mit einem Anruf. Hier ein typischer Fall, der sich genau so zugetragen hat:

„Hallo, hallo! Rat mal, wer da ist", meldet sich ein Mann mit norddeutschem Akzent. Die Angerufene überlegt kurz, dann fällt ihr ein Neffe aus Deutschland ein. Sie fragt:

„Paul, bist du es?" Das ist genau das, worauf der Täter gewartet hat. Nun hat er einen Namen.

„Ja, genau! Ich bin Paul." Und dann tischt er folgende Geschichte auf: „Stell dir vor, ich bin gerade in der Stadt. Ich will mir nämlich als Wertanlage ein Haus kaufen. Ich hab da ein sehr gutes Objekt an der Hand. Aber es gibt jetzt Schwierigkeiten. Meine Bank kann das Geld aus Deutschland nicht schnell genug überweisen, der Verkäufer drängt aber bereits. Kannst du mir für ein, zwei Tage mit 50.000 Euro aushelfen?"

Im konkreten Fall schöpfte das potenzielle Opfer zum Glück Verdacht und erklärte geistesgegenwärtig: „Es tut mir leid, aber ich habe keinen Zugriff auf mein Geld, das liegt bereits alles in den Händen meiner Kinder." Daraufhin beendete „Neffe Paul" rasch das Gespräch und man hat nie wieder etwas von ihm gehört.

Nicht immer geht die Sache so glimpflich aus. Steigt das gutgläubige Opfer auf die Geschichte ein, ist der weitere Ablauf meist wie folgt: Es werden Ort und Termin für die Geldübergabe vereinbart. Das Opfer begibt sich zur Bank und hebt die gewünschte Summe ab. Dabei wird es meist schon beobachtet, um sicherzustellen, dass keine Begleitperson anwesend ist. Am Übergabeort wartet dann allerdings nicht „Neffe Paul", denn da würde der Schwindel ja sofort auffallen. Vielmehr erscheint ein fremder Mann. Der behauptet, „Paul" sei leider kurzfristig wegen eines wichtigen Termins verhindert; er sei aber dessen Bevollmächtigter und damit beauftragt, das Geld zu übernehmen. Dieses ist dann auf Nimmerwiedersehen weg, ebenso wie der angebliche Neffe. Oft bemerken die Opfer erst Tage später, dass sie um ihr Erspartes geprellt worden sind.

Zum Glück haben die Täter mit dieser Vorgangsweise nur noch selten Erfolg, da auch Bankangestellte mittlerweile hellhörig werden, wenn betagte Kunden plötzlich ihre Sparbücher auflösen wollen.

Tipp. Niemals vorgeblichen Verwandten Geld versprechen oder gar aushändigen. Das Telefongespräch beenden und die Polizei verständigen. Wenn Sie Angehörige haben, die möglicherweise Opfer einer solchen Bande werden könnten, warnen Sie diese und schärfen Sie ihnen ein, nicht ohne Rücksprache mit der Familie hohe Summen zu beheben und aus der Hand zu geben.

Wasserglas-Trick

Gauner, die sich als Zeitschriftenvertreter oder angebliche Gaszählerableser Zutritt zu Wohnungen verschaffen, gehören laut Polizei hierzulande der Vergangenheit an. Sehr wohl kommt hingegen manchmal noch der Wasserglas-Schmäh zum Einsatz. Die Täterinnen (meist handelt es sich in diesem Fall um Frauen) folgen hochbetagten Opfern nach Hause; auf Senioren um die 80 Jahre haben es diese Diebinnen vorzugsweise abgesehen. Dann läuten sie und eine junge, vorgeblich schwangere Frau täuscht Übelkeit vor. Ob man nicht ein Glas Wasser haben könnte? Geht das Opfer auf die Bitte ein, sind die Täterinnen schon mal in der Wohnung – und sie wissen sehr genau, wo ihre Suche nach Geld höchstwahrscheinlich Erfolg hat. Die Matratze oder die Küchenkredenz sind leider immer noch beliebte Orte, an denen manche Senioren hohe Summen Bargeld aufbewahren. Der Wohnungsinhaber/die Wohnungsinhaberin wird von einer Person abgelenkt, während die Begleiterin auf Beutezug geht.

Eine Abwandlung dieser Masche sind fahrende „Händlerinnen", die preisgünstig Häkeldecken oder andere Textilien an der Wohnungstür feilbieten. Lässt man sie ins Vorzimmer, um die Ware zu begutachten, haben sie ihr Ziel schon halb erreicht. Während die eine Verkäuferin die Textilien so präsentiert, dass dem Opfer die Sicht genommen ist, greift sich die andere unbemerkt Geld und Wertgegenstände.

Tipp. Lassen Sie niemanden in die Wohnung, dem Sie nicht hundertprozentig vertrauen können. Ein Glas Wasser können Sie genauso gut zur Tür bringen.

Lassen Sie Unbekannte nicht in die Wohnung

Gefahr im weltweiten Netz

Auch ohne direkten persönlichen Kontakt kann man heutzutage durch einen Trickdieb bzw. Betrüger zu Schaden kommen. Das Internet ist zweifellos eine geniale Errungenschaft, es hat aber seine Schattenseiten, die gerne übersehen werden. Der Bereich der Netzkriminalität (Cyberkriminalität) boomt. Immer wieder finden sich in den Medien Meldungen über Hackerangriffe auf große Firmen oder Behörden, samt Datendiebstahl und Millionenschaden.

Aber auch normale Internetnutzer werden nur allzu oft Opfer krimineller Machenschaften, sei es nun Datenklau oder eine von verschiedenen Formen des Betrugs. Ausgeklammert bleiben hier all jene Delikte, in denen es den Tätern nicht um materielle Schädigung geht, sondern um psychische Gewalt (Mobbing).

Datenklau (Phishing)

Sie finden in Ihrem Posteingang eine E-Mail, die scheinbar von Ihrer Bank kommt. Unter einem Vorwand werden Sie gebeten, Ihre Kontodaten einzugeben und Passwörter zu bestätigen. Andernfalls werde Ihr Konto gesperrt.

Da sollten bei Ihnen die Alarmglocken schrillen! Denn aller Wahrscheinlichkeit nach handelt es sich dabei um eine sogenannte Phishing-Mail. Deren Absender wollen nur eines: Ihnen die Zugangsdaten zu Ihrem Bankkonto herauslocken – um dieses dann zu plündern. Tappen Sie nicht in die Falle! Geldinstitute fragen niemals per Mail oder telefonisch ihre Kunden nach solchen persönlichen Angaben.

Tipp. Ignorieren Sie die E-Mail und verständigen Sie Ihre Bank. Sollten Sie irrtümlich doch Ihre Daten preisgegeben haben, lassen Sie sofort das Konto sperren.

Bettelbriefe

Andere Täter beschaffen sich Geld, indem sie den E-Mail-Account ahnungsloser Nutzer manipulieren. In deren Namen schreiben sie dann hilfesuchend an Personen, die im Mailadressbuch gespeichert sind. Ungefährer Inhalt: Der vermeintliche Briefschreiber sei im Ausland Opfer von Räubern geworden; nun seien Pass, Flugtickets, Geld und Kreditkarten weg. Man möge doch so gut sein, zur Finanzierung der Rückreise einen bestimmten Betrag zu überweisen, den man natürlich zurückerhalte. Die Summe ist meist relativ niedrig angesetzt (weniger als 500 Euro), sodass sich manche der Angeschriebenen erweichen lassen. Schließlich ist man ja nicht kleinlich, wenn man Verwandten oder guten Freunden aus der Patsche helfen kann. Ist das Geld einmal eingezahlt, sieht man es nie wieder. Denn die Überweisung erfolgt mit Geldtransferdiensten (z.B. Western Union), der Betrag wird von den (unrechtmäßigen) Empfängern mit gefälschten Dokumenten behoben.

Gutgläubigkeit wird skrupellos ausgenützt

Tipp. Seien Sie misstrauisch, wenn Sie von Personen aus Ihrem Bekannten- oder Freundeskreis derartige Mails erhalten. Versuchen Sie, telefonisch Kontakt aufzunehmen und sich die Geschichte bestätigen zu lassen. Fragen Sie gemeinsame Bekannte, ob diese ebenfalls solche Mails bekommen haben – das wäre ein deutlicher Hinweis auf eine Massenaussendung. Wenn Sie selbst es sind, dessen Mail-Konto von Betrügern gekapert wurde, verständigen Sie sofort den Betreiber und warnen Sie Ihre Mail-Kontakte vor.

Internetbetrügereien (Scamming)

„Scamming" heißt frei übersetzt etwa „betrügen", und der Begriff hat in Zusammenhang mit dem Internet leider Hochkonjunktur. Wer hatte Sie nicht schon in seinem Posteingang, diese Mails von exotischen Absendern, die einen unerwarteten Geldsegen in Aussicht stellen. Es gibt die unterschiedlichsten Betrugsmaschen, wie die Opfer getäuscht und um viel Geld gebracht werden. Die gängigsten seien hier kurz beleuchtet.

Nigeria-Connection

Immer wieder taucht sie wellenartig auf: Die Masche, die unter Insidern den Namen Nigeria-Connection trägt. Das kommt daher, dass es anfangs meist darum ging, Geschäftsleuten aus Afrika dabei zu helfen, hohe Summen außer Landes zu bringen. Mittlerweile hat sich der Aktionsradius auf andere Kontinente ausgedehnt. In der Regel handelt es sich um zweistellige Millionenbeträge. Nicht selten ist dieser Sachverhalt mit einem zu Tränen rührenden persönlichen Schicksal kombiniert. Für Ihre Hilfsbereitschaft würden Sie natürlich fürstlich belohnt werden, mit einem Anteil oder einer Provision. Die Summen, die da versprochen werden, gehen in die Hunderttausende Euro.

Angesichts des erwarteten Geldsegens werfen manche Mailadressaten alle Vorsicht über Bord. In der Folge sind leider im Voraus Überweisungen ins Ausland nötig: angeblich für Anwaltsgebühren, für Übersetzungen oder für Bestechungsgelder. Alles mit dem Zweck, später an das große Geld heranzukommen. Plötzlich reißt der Kontakt ab. Ihr Geld ist futsch, die Chance, es wiederzubekommen, gleich null. Eines ist offensichtlich: Reich werden mit dieser Methode funktioniert – aber nur für die anderen. Varianten dieser Masche sind beispielsweise:

- Verlockende Kreditangebote mit Beträgen, die Sie bei Ihrer Bank nie im Leben bekämen.
- Ein Investor aus dem Ausland bietet Ihnen an, hohe Summen in Ihre Firma zu stecken.
- Lottogewinne in schwindelerregender Höhe, die Sie (angeblich) im Ausland erzielt haben.

Dubiose E-Mails

In all diesen Fällen sind zuerst Überweisungen auf dubiose Konten zu tätigen, um an den sagenhaften Geldregen heranzukommen. Der natürlich nie eintrifft. Statt Reichtum bleiben am Ende Enttäuschung und ein beträchtlicher finanzieller Schaden.

Tipp. Wenn Sie solche Mails bekommen – fragen Sie sich kritisch: „Warum sollte gerade ich zu den Auserkorenen gehören, denen ein wildfremder Wohltäter Geld schenkt? Wie kann ich einen Millionentreffer in einer ausländischen Lotterie landen, in der ich noch nie gespielt habe?" Wenn Sie sich diese Fragen ehrlich beantworten, werden Sie von solchen „Angeboten" wohl rasch die Finger lassen.

Vorgetäuschte Liebe

Beim „Romance-Scamming" nutzen die Täter die Sehnsucht vieler Menschen nach Liebe und Partnerschaft aus. Sie sind daher vorwiegend auf Kennenlern-Plattformen, in einschlägigen Foren oder im Internet-Chat aktiv.

Meist beginnt es damit, dass jemand im Internet scheinbar einen Traummann/eine Traumfrau kennen lernt. Klarerweise aus möglichst weit entfernten Gegenden in Osteuropa oder Übersee. Mit schönen Worten und verlockenden Bildern wird die große Liebe vorgegaukelt. Ist nach längerer Konversation eine emotionale Bindung aufgebaut, geht es plötzlich weniger um Romantik als vielmehr um Geld. Man soll beispielsweise eine bestimmte Summe für den Kauf von Flugtickets überweisen, damit der oder die Angebetete endlich persönlich anreisen kann. Das ist meist ein Versuchsballon, in dem es um vergleichsweise geringe Summen geht.

Liebe kann blind machen

Doch dann kommt es dick: Unglaubliche Schicksalsschläge treffen die Internetbekanntschaft und deren Familie. Naturkatastrophen, Todesfälle, Krankheiten – man ahnt gar nicht, wie viel Pech ein Mensch kurz hintereinander haben kann. Man möge doch so gut sein und ein paar Tausend Euro überweisen, leihweise versteht sich.

Ist der fiese Trick einmal erfolgreich, wird das gutgläubige Opfer ausgenommen wie eine Weihnachtsgans. Wenn sein Konto dann leer ist, hat sich nicht nur das Geld, sondern auch der Traumpartner in Luft aufgelöst.

Tipp. Partnersuche im Internet kann durchaus ein guter Weg zu Liebe und einer Beziehung sein. Lassen Sie sich aber nicht blenden, sehen Sie

Piratenüberfall

Welche sagenhaften Geschichten Internetbetrüger ihren potenziellen Opfern auftischen, zeigt ein konkreter Fall, über den die Polizei in Kärnten Ende März 2017 berichtete: Auf einer Internetplattform wurde eine 52-jährige Frau aus dem Bezirk Klagenfurt von einem ihr unbekannten Mann kontaktiert. Dieser gab vor, auf einem Schiff zu sein, das von Piraten überfallen werde. Er behauptete, er wolle Geld und Wertgegenstände an die Frau schicken, und lockte ihr damit Wohn- und Mailadresse heraus. Die Kärntnerin bekam in weiterer Folge eine E-Mail, in welcher ein Geldbetrag in Höhe von mehreren Hundert Euro gefordert wurde – als Voraussetzung dafür, dass das vermeintliche Piratenopfer sein Geld und die Wertgegenstände mit der Post an ihre Adresse senden könne. Die Frau reagierte richtig: Sie zahlte nicht, sondern erstattete Anzeige.

---

nicht alles durch die rosarote Brille. Spätestens dann, wenn ein potenzieller Partner – unter welchen Vorwänden auch immer – Geld fordert, sollten Sie die Notbremse ziehen.

Bestell-Betrug

Waren im Internet zu bestellen oder zu verkaufen, ist heute gang und gäbe. Es gibt eine unüberschaubare Anzahl von Internetshops und Onlineplattformen für die verschiedensten Produktbereiche. Hier kann man sowohl von gewerblichen Händlern als auch von Privatpersonen so gut wie alles erstehen, was das Herz begehrt – noch dazu zu einem günstigen Preis.

Leider tummeln sich auf diesen Internetseiten auch unseriöse Zeitgenossen, die Vertrauensseligkeit und Unerfahrenheit schamlos ausnutzen. Die häufigste Form von Bestellbetrug: Im Voraus bezahlte Ware wird entweder gar nicht geliefert oder sie ist von minderer Qualität. Die schicke Tasche eines bekannten Herstellers, angeblich um 75 Prozent billiger als im Geschäft, entpuppt sich als minderwertige Imitation. Die Enttäuschung beim Käufer ist groß; umso mehr, wenn das Geld bereits ins Ausland überwiesen wurde. Eine Rückabwicklung des Geschäfts ist hier so gut wie aussichtslos. Wenn es sich um eine kleinere Summe handelt, zieht kaum jemand vor Gericht. Das wissen die Betrüger natürlich.

Vorsicht bei Schnäppchen

Dabei kann man sich gegen solche Machenschaften durchaus schützen. Wird beispielsweise ein Smartphone der neuesten Generation im Netz zu einem sagenhaft günstigen Preis angeboten, sollte einem schon der Hausverstand sagen, dass da etwas faul sein muss. Daher Finger weg von solchen vermeintlichen Sonderangeboten. Es gibt nichts geschenkt, auch nicht im Internet. Leider führt die weit verbreitete „Geiz-ist-geil"-Mentalität dazu, das viele Schnäppchenjäger alle Vorsicht über Bord werfen und prompt in die Falle tappen.

Im Netz bekommt man nichts geschenkt

Ob man im Fall des Falles Chancen hat, sein Geld wiederzubekommen, hängt nicht zuletzt von der Bezahlart ab. Ideal wäre, wenn man die Ware persönlich abholen und bei der Übergabe bar bezahlen kann. Meist ist das aufgrund der räumlichen Entfernung nicht möglich. Eine andere sichere Variante wäre die Zahlung gegen Nachnahme – der Kaufpreis wird bei Übergabe der Ware kassiert. In vielen Onlineshops ist diese Möglichkeit aber gar nicht vorgesehen.

Kein Bargeld verschicken

Zahlt man per Kreditkarte oder über einen anerkannten Internet-Bezahldienst, bestehen eher Chancen, das Geld wiederzusehen – sofern man etwa die Kreditkartenfirma rechtzeitig über den Betrug informiert.

Auf keinen Fall sollte man im Voraus Bargeld per Post verschicken, Geld im Voraus auf ausländische Konten überweisen (erkennbar daran, dass die IBAN nicht mit „AT" beginnt) oder einen Geldtransferdienst einschalten.

Gefährdet ist man natürlich nicht nur als Käufer, sondern auch als Verkäufer. Nämlich, wenn man Artikel ins Ausland schickt und der Interessent die Zahlung schuldig bleibt.

Tipp. Seien Sie bei auffallend günstigen Angeboten auf der Hut. Recherchieren Sie im Internet zu Ihrem Geschäftspartner (Google-Suche). Nutzen Sie kostenfreie Internetseiten, auf welchen die bekanntesten

Schutz vor fiesen Tricks

Fake-Shops angeführt werden, beispielsweise www.watchlist-internet.at. Wenn Sie über eine Onlineplattform handeln, halten Sie sich an die dort angegebenen Hinweise für sichere Bezahlmethoden. Ziehen Sie die Bezahlung via Kreditkarte vor. Schicken Sie niemals Bargeld per Post, solange Sie die Ware nicht in Händen halten und für in Ordnung befunden haben.

Gefährliche Medikamente

Ein weiterer milliardenschwerer Geschäftszweig der organisierten Kriminalität ist der Handel mit Medikamenten via Internet. Speziell das Geschäft mit muskelaufbauenden Substanzen sowie mit Potenzmitteln boomt – Sie hatten bestimmt schon derartige Angebote in Ihrem Maileingang. Meist handelt es sich bei den Präparaten um Fälschungen, die in dubiosen Labors zusammengepanscht werden. Im günstigsten Fall haben Sie Ihr Geld nur für ein paar wirkungslose Pillen zum Fenster hinausgeworfen. Im ungünstigsten Fall riskieren Sie schwere Gesundheitsschäden. Bei solchen Angeboten im Internet gibt es nur einen Rat: Hände weg!

Service

Gaunerzinken
Adressen
Stichwortverzeichnis

Gaunerzinken

Ein unscheinbares Dreieck neben dem Briefkasten, merkwürdige Symbole am Rand der Gegensprechanlage – in den letzten Jahren gibt es immer wieder Berichte über das Auftauchen sogenannter Gaunerzinken. Dabei handelt es sich um eine geheime Zeichensprache, derer sich Einbrecherbanden bedienen. Sie kundschaften Objekte aus und hinterlassen ihren „Kollegen" Markierungen, die auf lohnende Objekte hinweisen oder vor Gefahren (z.B. Wachhunde) warnen.

Ihren Ursprung hat diese Form der Kommunikation in früheren Jahrhunderten. Damals hinterließen Bettler, Hausierer und andere Randgruppen Nachkommenden mittels solcher Zeichen Botschaften. Diese Menschen konnten oft nicht lesen und schreiben, daher verwendeten sie einfache Symbole, die an Gartenzäunen eingeritzt oder mit Kreide an Wänden aufgemalt wurden. Auf diese Weise konnten nützliche Informationen weitergegeben werden.

Die Strichzeichnungen und ihre Bedeutung variieren, sodass es kein allgemeingültiges „Lexikon" der Gaunerzinken gibt. Eine Auswahl finden Sie hier.

Was tun, wenn man bei der eigenen Wohnung oder am Haus solche Zinken entdeckt? Das Bundeskriminalamt empfiehlt, auf jeden Fall die Polizei zu informieren. Die kann beispielsweise mit einem verstärkten Streifendienst in der betroffenen Gegend reagieren.

Weiters sollten Sie die geheimen Zeichen möglichst schnell entfernen. Und informieren Sie Ihre Nachbarn – vielleicht entdecken die weitere derartige Symbole.

Gaunerzinken
(Quelle: Bundeskriminalamt Österreich)

Zeichen für ein lohnendes Objekt

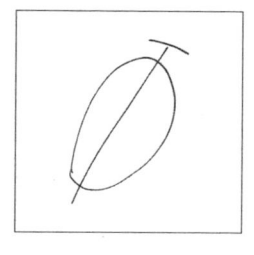

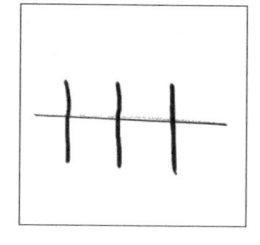

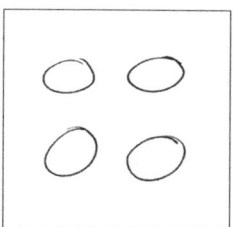

Zeichen für ein uninteressantes Objekt

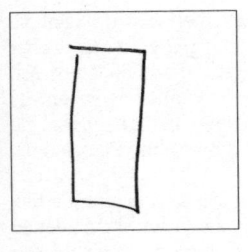

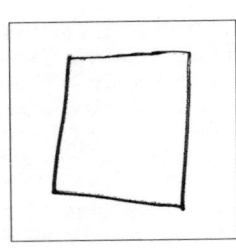

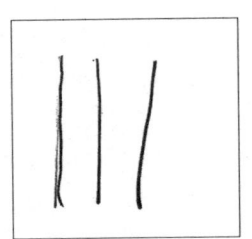

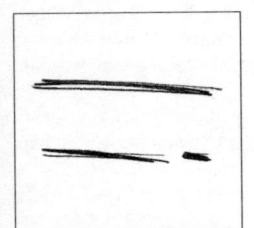

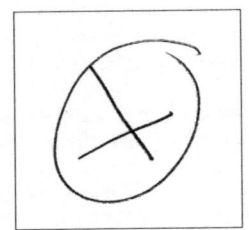

Informationen über das Objekt

Bereit für Einbruch (li)

Günstig für Diebstahl (mi)

Hier kann man gut einbrechen (re)

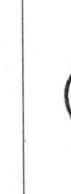

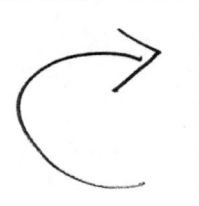

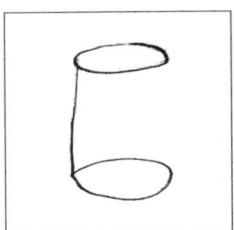

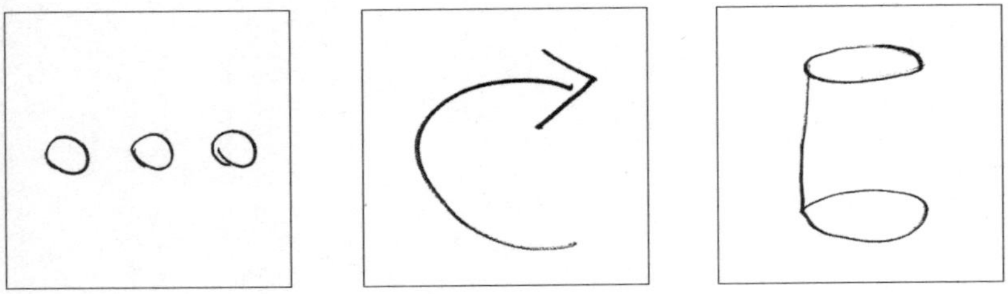

Brechstange benutzen (li)

Vorsicht, Gefahr bzw. bewacht! (re)

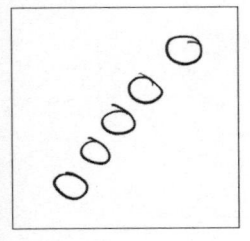

Gaunerzinken

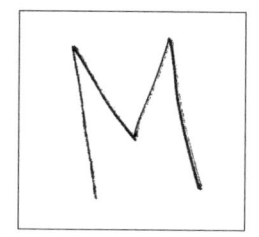

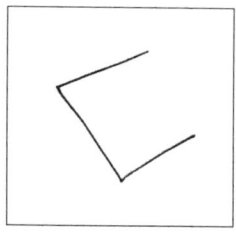

Bester Zeitpunkt für Einbruch

Am Morgen (li)

Am Abend (mi)

In der Nacht (re)

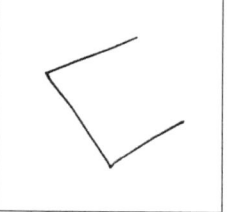

Am Sonntag (li)

Am Telefon zu kontrollieren (re)

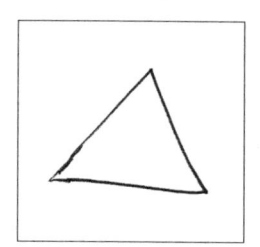

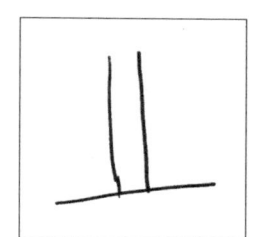

Informationen über die Bewohner

Alleinstehende Person (li)

Alleinstehende Frau (mi)

Alte Leute (re)

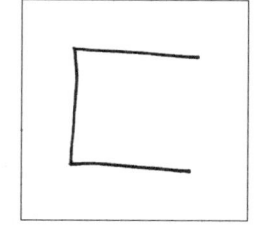

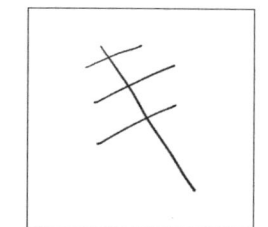

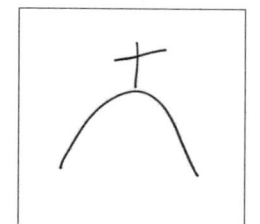

Reiche Bewohner (li)

Polizist (mi)

Kein Mann im Haus (re)

Auskunft über Hunde oder Nachbarn

Hund (li)

Hund im Haus (mi)

Bissiger Hund (re)

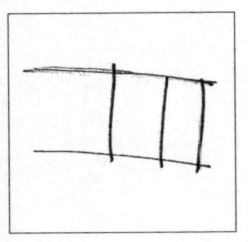

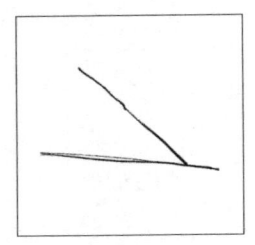

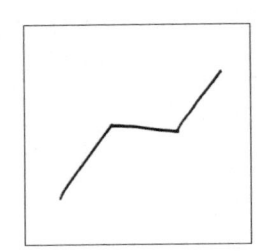

Scharfer Hund (li)

Aufmerksame Nachbarn (re)

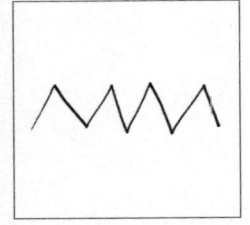

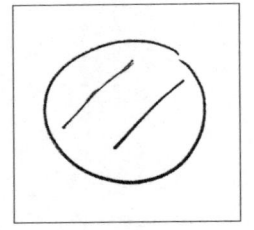

Adressen

Bundeskriminalamt (BKA)

Josef-Holaubek-Platz 1, 1090 Wien
Tel. 01 248 36-985025 bis 985027, Fax 01 248 36-985190
E-Mail: BMI-II-BK-SPOC@bmi.gv.at
www.bmi.gv.at/cms/bk/_news/start.aspx

Tipps zur Verbrechensvorbeugung unter der Schaltfläche „Prävention"
Das BKA ist auch auf Facebook (www.facebook.com) erreichbar.

Aktion „Gemeinsam sicher in Österreich"

www.gemeinsamsicher.at

Sicherheits-App

Polizei.AT ist die offizielle Polizei-App Österreichs und bietet u.a. aktuelle Präventionstipps. Die App ist mit allen gängigen Betriebssystemen (iOS, Android und Windows) kompatibel und steht in den App-Stores kostenlos zum Download zur Verfügung

Kriminalpolizeilicher Beratungsdienst

Wien

Kriminalprävention
Wasagasse 22, 1090 Wien
Tel. 0800 216 346
E-Mail: LPD-W-LKA-AB-Kriminalpraevention@polizei.gv.at

Kriminalpolizeiliches Beratungszentrum (mit Schauraum)
Andreasgasse 4, 1070 Wien
Montag bis Freitag 10 – 18 Uhr,
jeden 1. Samstag im Monat 10 – 16 Uhr geöffnet
Tel. 01 31310-44938
E-Mail: LPD-W-LKA-AB-Kriminalpraevention@polizei.gv.at

Niederösterreich

Schanze 7, 3100 St.Pölten
Tel. 059133 30-3750
E-Mail: LPD-N-LKA-Kriminalpraevention@polizei.gv.at

Burgenland

Neusiedler Straße 84, 7000 Eisenstadt
Tel. 059133 10-3750
E-Mail: LPD-B-LKA-Kriminalpraevention@polizei.gv.at

Kärnten

Buchengasse 3, 9020 Klagenfurt
Tel. 059133 20-3750
E-Mail: LPD-K-LKA-Kriminalpraevention@polizei.gv.at

Oberösterreich

Nietzschestraße 33, 4021 Linz
Tel. 059133 40-3750
E-Mail: LPD-O-LKA-Kriminalpraevention@polizei.gv.at

Salzburg	Alpenstraße 88-90, 5020 Salzburg Tel. 059133 50-3750 E-Mail: LPD-S-LKA-Kriminalpraevention@polizei.gv.at
Steiermark	Straßganger Straße 280, 8052 Graz Tel. 059133 60-3750 E-Mail: LPD-ST-LKA-Kriminalpraevention@polizei.gv.at
Tirol	Innrain 34, 6020 Innsbruck Tel. 059133 70-3750 E-Mail: LPD-T-LKA-Kriminalpraevention@polizei.gv.at
Vorarlberg	Kriminalprävention Bahnhofstraße 45, 6900 Bregenz Tel. 059133 80-3750 E-Mail: LPD-V-LKA-Kriminalpraevention@polizei.gv.at
Meldestelle Internetkriminalität	Wenn Sie einen Verdacht auf Internetbetrug haben und über die weitere Vorgangsweise Informationen benötigen, wenden Sie sich bitte an folgende Adresse E-Mail: against-cybercrime@bmi.gv.at
Verband der Sicherheitsunternehmen Österreichs (VSÖ)	Porzellangasse 37, 1090 Wien E-Mail: office@vsoe.at Tel. 01 319 41 32 Montag bis Donnerstag von 8.00 – 12.00 Uhr und 12.30 – 17.00 Uhr Freitag 8.00 – 14.00 Uhr
Datenschutzbehörde	Hohenstaufengasse 3, 1010 Wien Tel. 01 531 15-202525 Fax 01 531 15-202690 www.dsb.gv.at E-Mail: dsb@dsb.gv.at
Verband der Versicherungsunternehmen Österreichs (VSÖ)	Schwarzenbergplatz 7, 1030 Wien Tel. 01 71 15 60 www.vvo.at
Weißer Ring	Hilfe für Verbrechensopfer Bundesgeschäftsstelle Wien Nußdorferstraße 67, 1090 Wien Tel. 01 712 14 05 E-Mail: office@weisser-ring.at Opferruf (gebührenfrei aus ganz Österreich) Tel. 0800 112 112
Europäisches Verbraucherzentrum Österreich	Mariahilfer Straße 81, 1060 Wien Tel. 01 588 77 81 E-Mail: info@europakonsument.at www.europakonsument.at

Adressen

Notruf- und Notfallnummern

122	Feuerwehr
133	Polizei
144	Rettung
112	Euronotruf
0800 133 133	Notruf für Gehörlose
059 133	Servicenummer der Polizei
141	Ärztefunkdienst
40 144	Ärzteflugambulanz
0800 222 555	Frauenhelpline
01 71 71 9	Frauennotruf
142	Telefonseelsorge
123	ARBÖ
120	ÖAMTC

Stichwortverzeichnis

A

Abdecksicherung 91
Abschleppschutz 139
abwesend, aktiv 80, 82, 86
Airbag-Diebstahl 134
Alarm, akustischer 80, 81
–, auslösen 76, 81 f, 140, 146
–, optischer 84
–, stiller 82, 100
– verfolgung 97
– zentrale 77, 82 f, 93 f, 141, 152
Alarmanlagen 11, 13, 49, 61, 63, 68 f, 74 f, 104 f, 108, 123, 127
–, für Autos 138 f
–, für Motorräder 145 f
–, für Fahrräder 151 f
– errichter 97
Anschweißbänder 43
anwesend, aktiv 80, 82
Arbeitsstrom-Meldelinie 84
Armaturenbrettkamera 121
aufbohren 51 f, 60
Aufbohrschutz 52
aufbrechen 38, 58
aufhebeln 32, 35, 41 f, 61
Aufklärungsrate 10
Aufnahme 114, 129
– qualität 113 f
– winkel 114
Aufschraubbänder 44 f
Außenhaut 25, 32 f, 62, 138
– schutz 76 f, 80, 88, 93, 100, 118
– überwachung 89 f, 95
– sirene 80 f
– steckdose 90
Autobatterie 140
– diebstahl 133
– einbruch 132 f
– fahrerclub 135, 137, 142, 146
– schlüssel 133
AWAG (automatisches Wähl- und Ansagegerät) 97
AWUG (automatisches Wähl- und Übertragungsgerät) 97

B

Balkenschloss 36, 56 ff, 66

Balkon 25, 28, 32, 34, 58, 89, 106, 149
– türe 59, 62
– wohnung 25
Bandaufzeichnung 110
– seite 56 f
– scharnier 42 f
– sicherung 35, 40, 42 ff, 57, 61
Banden 11, 21, 28, 89, 127, 134, 137, 143, 156, 158, 161, 165 f, 177
Bänder 40, 42 f
Bank 76, 81, 99, 117, 159 f, 166, 168, 170
– anschlussdelikte 157 ff
– konto 168
Bankomat 158
– karte 126, 158, 163
– manipulation 158
Bargeld 12, 67, 94, 154, 159, 162 f, 167, 172 f
Batterie 53, 80, 82, 96 f, 100, 112, 122, 137
– zylinder 49
Bedrohung 13, 19, 76
Beratungsdienst, Kriminalpolizeilicher 38, 63, 65, 75, 181
Beschmutzertrick 161
Bestellbetrug 171 ff
Bettelbriefe 160
Betrug 154 ff, 167 ff
Bewegungserkennung 114 f
– melder 76, 82 ff, 88 ff, 114, 145
– sensor 114
Bewilligungspflicht für Drohnen 120 f
Bildermelder 76, 94
blockieren 136, 157
Blockschloss 77, 86 ff
Bohrschutz 35, 52, 54
Bremsscheibenschloss 144 ff
Bügelschloss 144, 150
Bullet-Kamera 110 f
Bundeskriminalamt 10, 18, 31, 63, 129, 148 f, 177, 181
Buntbartschloss 46 f

C

Chipkarte 33, 53, 122, 124, 138
Code 52 ff, 61, 80, 86 f, 122, 138, 140, 151, 163
– wort 98, 115
Computer 29, 97, 111, 114, 148
Cybercrime (Internetkriminalität) 5, 13, 182

D

Dachboden 66
– luke 25, 34
Dämmerungseinbruch 10 ff
Datenklau 167 ff
– schutz 116 f, 124
– schutzbehörde 116 ff, 121, 182
– schutzgesetz 100, 110, 116, 120, 124
– übermittlung 77, 97
– verarbeitungsregister 116, 124
Deckungssumme 68 f
Diebstahl 5, 12, 18, 124, 141, 147, 150, 154 ff
– schutz 143
Digitalaufzeichnung 107
– kamera 12, 110 ff, 129
– technik 110
Dome-Kamera 111
Doppelbartschlüssel 47, 70
– flügeltüre 33, 35, 55, 57 f
Drohnen 119 ff
Dual-Bewegungsmelder 92
Durchbruch 63 f, 67, 89

E

Eckzarge 41
Eigentumsverzeichnis 128 ff
Einbohrbänder 44
Einbruchmeldeanlage (EMA) 69, 75 ff, 82, 87, 95, 99 ff, 124
– meldezentrale 82
– opfer 50
– schutz 5, 26, 34, 54, 74
– versuch 33, 44 f
Eingangstüre 13, 26, 36, 39, 55, 59, 66, 86 f, 105 ff, 126 f

Einsatzzentrale 98
Einschaltverzögerung 86
Einsteckschloss 35, 45 ff, 54
Einstiegsmöglichkeiten 59, 66, 89
Endgeräte 82
Enkeltrick 165
Ereignisspeicher 83
Erfassungsbereich 92
Erinnerungskabel 145

F

Facebook 29, 121, 181
Fahrraddiebstahl 146 ff
– pass 149
– schloss 149 ff
– versicherung 152
Fahrzeugsicherung, mechanische 136 ff, 144 f
–, elektronische 138 ff, 145 ff
Falle 45, 54
Fallenüberwachung 94 f
Faltschloss 150
Falz 35, 41 ff
Fehlalarm 74, 79, 87 ff, 96 ff, 115, 139, 141, 146
Felgenschloss 137 f
Fenster 25, 28, 32, 34 ff, 59 ff, 89 f
– gitter 28, 62 ff
– griffe 58, 61 f
– läden 62 f
– scheiben 60, 64
– stangenschlösser 61
– türe 32, 58 ff, 89
Fingerabdruckkontrolle 122
Fluchtweg 36, 109
Folien, einbruchhemmende 63, 137 f
Förderungen 103 ff
Freiraumüberwachung 88 f
Frequenz 83, 92 f, 95 f
Funkanlagen 82, 95 ff
– fernbedienung 146
– kamera 115
– sirene 80

G

Ganghebelsperre 137

Garage 25, 66, 109, 116, 143, 147
Gartengestaltung 26
Gaunerzinken 177 ff
Geldautomat 158 f
– sammlertrick 160
– transport, sicherer 162 f
– wechseltrick 160
Gewerbestandard 99
Gitterrost 65
Glasbausteine 34, 36, 89
– bruchmelder 76, 82 ff, 89, 139
– scheiben 55, 81
– schutz 137 f
Gleichstrommelder 85
GPS (Global Positioning System) 141 ff, 146, 152
GSM-Netz 77, 142

H

Halbzylinder 48
Handtaschenraub 155 f
Handy 108, 123, 126, 129, 134, 142, 156 f, 159
– diebstahl 156 f
Hintergreifhaken 40, 43 f
Holzzarge 43
Hunderassen 105

I

IMEI-Nummer 156 f
Infrarot 139
– bewegungsmelder 85, 90 ff
– kameras 112
– strahlen 91
Innenraum 29, 139 f
– schutz 90 ff
– überwachung 76 f, 80, 90 ff, 145
Installationsattest 101, 106, 110, 123
Internet 13, 27, 29, 87, 95, 109, 111, 114, 121, 124, 137, 141, 152, 154, 163, 167 ff
– betrug 169 ff
– kriminalität 13
Inventarliste 126, 128 ff
iPhone 142, 157

J

Jahreszeit, dunkle 10
Jammer (Funkstörgerät) 95, 134
Jugendbande 156

K

Kabelschloss 150
Kamera 28 f, 83, 108 f, 110 ff, 121, 124, 129, 157 f, 159
Kastenschloss 55
Kellerfenster 25, 60, 63, 65 f, 89
Kennzeichen 30
Kennzeichnungspflicht 117 f
Kernziehen 51
Keyless entry (schlüsselloser Zugang) 135
Kfz-Diebstahl 132
Killerschalter 157
Kippfenster 58, 61
Komponentensicherung 151
Kontaktschalter 139, 146
Körperschallmelder 82 f, 89, 94
Kraftfahrzeug (KFZ) 18, 133, 145
Kreuzbartschlüssel 47
Kuhfuß 38, 42
Kuratorium für Verkehrssicherheit 12, 38, 133, 147

L

Laptop 12, 111, 129, 134, 164
LED-Licht 86
Lenkradkeule 136
– sperre 136
Lichtkuppel 64 f, 89, 99
– schranken 82, 90, 94

M

Magnetkarte 49
– kontakt 82, 89
Meldebereiche 93 f
– gruppen 93 f
– linie 77, 84, 97
– pflicht 116 ff, 124
Melder 75 f, 82, 85 ff, 90 ff, 95 ff
–, automatische 81 f

Stichwortverzeichnis

–, elektromagnetische 82
–, manuelle 82
Mauer 26, 30, 32, 35, 41 f, 55, 62, 66, 83, 117
Mikrowellenmelder 90 ff
Mindeststandard 63, 76, 109, 123, 152
Minikamera 112
Möbeltresor 68
Motorsteuerung 138, 145
Motorrad 143 ff

N

Nachbarn 24, 26 f, 96, 102, 115, 117, 122, 126, 177
Nachbarschaftshilfe 30, 119
Nachtsichtfunktion 113
Neffentrick 165
Neigungssensor 138, 141
– überwachung 138 f
Notrufnummern 127, 183
– tasten 76
Notwehr 127, 163
Nummerncode 48

O

Objektiv 109, 113 f
Objektschutz 76 f, 94, 99
Öffnungsüberwachung 89
Ortung per Satellit 141 ff, 146, 151 f
ÖNORM 37, 40, 46, 48, 60, 104 ff,

P

Panzerkabelschloss 150
Perimeterschutz 88
Pfefferspray 20, 163
Phishing 168 f
Picking 50 f, 128, 145, 151
PIN-Code (Persönliche Identifikationsnummer) 156, 158 f
Plexiglas 65
Polizei 11 ff, 18 ff, 181
– App 22, 181
Polycarbonat 63 f
Postkasten 30
– Generalschlüssel 32

Profilzylinder 35, 47, 54, 66

Q

Qualitätskriterien 37, 46
– prüfung 75
Querriegelschloss 35, 56, 58

R

Rahmennummer 149
Riegel 35, 45 f, 54, 56 f, 84, 89, 122
Rollkernstangen 66
Rollläden 62
Ruhestrom-Meldelinie 84

S

Sabotage 81, 85, 95, 98, 140
– versuch 82, 98
Satellitenortung 141 f, 146
Scamming 169 ff
scharf/unscharf schalten 79, 85 f
Scharniere 42 f, 61
Scherengitter 57
Schließblech 35, 41, 45 f, 54 f, 57, 89
– kasten 35, 55 f, 61
– mechanik 48
– systeme 33, 62, 135
– technik 44, 46 ff, 58
– vorgang 61, 124
– zylinder 35, 45, 47 ff, 51 ff, 86
Schloss 32, 35, 44 ff, 70, 122 f, 128, 136, 148 ff
– gehäuse 48
– kasten 45 f
–, mechatronisches 46, 52
– stich 133
–, tosisches 47
Schlüssel 29 f, 44 ff, 86, 98, 129, 133 f, 151, 156
– etui 136
– tresor 29
schlüssellos 135
Schubriegel 45
Schusswaffe 20, 127, 154, 164
Schutzbeschlag 35, 51 f, 54

–, elektronischer 73 ff
–, mechanischer 15, 31 ff
Schutzgitter 65
Schwachstelle 24 ff, 32 ff, 46, 51, 58, 61, 103
Schwenkriegel 46, 62
Sensoren 63, 69, 81 ff, 112 f
Servicezentrale 142
Sicherheitsdienst 64, 77, 81, 85, 87 f, 96 ff, 127
– fenster 37
– glas 36
– klasse 150
– pyramide 14 f, 31
– standard 60, 64, 70, 115, 150, 159
– zentrale 77
Signalgeber 82, 87, 95, 100, 134
SIM-Karte 142
Sirene 77, 80 ff, 96, 140, 145 f
Smartphone 5, 12, 22, 79, 111, 119, 122 ff, 142, 152, 156 f, 172
Soziale Medien 29
Sperrcode 52
Splitterschutzfolie 64, 137
Stangenschloss 35, 45, 56 f, 61
Stulpschraube 48, 51

T

Tatort 10, 24, 64
Tätergruppen 11, 24, 143, 160, 165
Taschenalarm 21, 164
– diebstahl 21, 160 f
Telefonwahlgerät (TWG) 97
Terrassen 25, 34, 58, 88 f
– türe 25, 34, 59, 111
Tresor 67 ff, 83, 94, 135
Trickdiebstahl 154, 161
Tür 34 ff
– band 42 ff
– beschläge 53 f
– blatt 28, 36 ff, 54, 56 f, 89, 124
– drücker 45
– schild 33, 51, 53 f
– schnalle 45
– spion, elektronischer 119
– system 53

U

Überfall 12, 76, 81, 100, 127, 163 f, 171
– meldeanlage (ÜMA) 75 ff, 87
– melder 82, 87, 100
– schutz 139 f
– taste 81 f, 127
Übertragungseinrichtung 77, 82, 87
Überwachungsbereich 82, 91
– kamera 108, 110, 114
– zentrale 98
Ultraschall 139
– bewegungsmelder 90, 92 f
– geber 92
Umfassungszarge 41
unscharf (Alarmanlage) 76, 79 f, 87, 91, 93, 96, 99 f

V

Verband der Versicherungsunternehmen Österreichs (VSÖ) 5, 67 f, 75, 96, 99, 105, 110, 115, 123 f, 182
Verbundfenster 64, 81
– scheiben 64
Verglasung 58, 82
Verschlussüberwachung 78, 89
Versicherung 13, 68, 101, 109, 120, 126 ff, 143, 152
Versicherungsschutz 128, 141
– summe 127
Verzögerungszeit 86
Videoaufzeichnung 100
– kamera 89, 110 ff, 117, 119
– überwachung 79, 108 ff

Vorbeugung 26 ff, 117, 181

W

Wabentüre 36 ff
Wachhund 101 ff, 177
Wählgerät 97
Wandtresor 68 ff
Wasserglas-Trick 166
Wegfahrsperre 136, 138, 144 ff
Widerstandsklasse 35, 38 ff, 57, 60 ff, 67, 105 ff
– wert 34, 44, 85, 150
Wildkamera 112, 118
Wohnlage 24 f
Wohnungstür 25, 27, 32, 34 ff, 55, 119, 165 f

Z

Zahlencode 61, 70, 86
– schloss 86 f
Zarge 35, 41 ff, 54 f, 57, 60, 79, 124
Zeitschalter 49
Zentralverriegelung 134 f
Zertifizierung 40, 128
Z-Schlüssel 32
Zugangscode 52
Zuhaltungen 45, 47, 52
Zuhaltungsschloss 47 ff
Zusatzschloss 33, 58 ff, 144
Zutrittskontrollanlage (ZKA) 121 ff
Zylindergehäuse 49
– kern 48 ff
– schloss 46 ff, 151

Wenn Nachbarn nerven ..., 3. Auflage

Ihre Rechte als Nachbar, ob Sie zur Selbsthilfe greifen dürfen und wann Sie besser zu Gericht gehen. Außerdem: Was zumutbar bzw. ortsüblich ist und alles über den Nachbar im Bau- und Gewerberecht. Zahlreiche Fallbeispiele aus der Praxis und viele praktische Tipps zur Lösung von Nachbarschaftskonflikten.

ISBN 978-3-99013-045-2
196 Seiten, brosch., € 16,90

Immobilien verkaufen, 2. Auflage

Beim Immobilienverkauf geht es um viel Geld – gute Information zählt: Wie viel ist die Immobilie eigentlich wert? Braucht man einen Makler und was kostet das? Worauf muss man bei Erstellung eines Kaufvertrags achten? Welche Pflichten treffen den Verkäufer?

ISBN 978-3-99013-023-0
148 Seiten, broschiert, € 19,60

Fair (ver)mieten, 3. Auflage

Alle grundsätzlichen Informationen zum komplizierten österreichischen Mietrecht: Für Vermieter, die an einem fairen Interessenausgleich interessiert sind, aber auch für Mieter, die wissen möchten, was sie sich von ihrem Vermieter erwarten dürfen.

ISBN 978-3-99013-044-5
160 Seiten, broschiert, € 14,90

Weitere KONSUMENT-Bücher im Buchhandel oder im Online-Shop auf www.konsument.at